筑摩書房

# パン屋の手紙

往復書簡でたどる設計依頼から建物完成まで

中村好文×神 幸紀

パン屋の手紙　目次

# まえがき

中村好文

月に二度、私の事務所《アトリエ》に、北海道の真狩村から宅急便で大きな段ボール箱が届く。

中身は、薪窯で焼かれた直径四〇センチほどもあるパン・ド・カンパーニュ（田舎パン）を筆頭に、バゲット、リュスティック、ライ麦パン、ドライフルーツのパン、蜂蜜パン、チーズパン、栗ロールパン、クルミといちじくのパン、クロワッサン、チョコ・クロワッサン、クグロフ……などなど、多種多様なパンの詰め合わせである。

美味しそうなパンの匂いは梱包テープを剥がす手元をすり抜けて部屋中に立ちこめ、私は深々とその香りを吸い込んで、うっとりと目を細めるのである。

と書けば、もうお気づきだと思うが、このパンの作り手は真狩村で「Boulangerie JIN」（ブーランジェリー・ジン）というパン屋を営むパン職人の神幸紀さん。この本のもう一人の著者である。

二〇〇九年三月、神さんから設計依頼の手紙が届いたときから、新店舗づくりの物語が始まった。

「初めまして」と名乗りあう手紙のやりとりがあり、期待に満ちた初対面があり、美味しい料理に舌鼓を打ちつつ、お酒を酌み交わす愉快な談笑のひとときを過ごしたのち、私はおもむろに設計にとりかかった……と書きたいところだが、「とりかかった」というのは事実ではなく「とりかかろうとした」のだった。ふだんは、おもに住宅設計の仕事をしている私には、薪で焚くパン窯の知識もなく、パン生地の仕込み作業はもちろん、パン工房にどんな道具や機械類が必要なのかも、まったく知らなかったからである。

そんなわけで、事前に根掘り葉掘りのヒアリングを重ね、実際にパン作りの仕事をつぶさに見学したあとも、折々に神さんと手紙とFAXとメールでやりとりをしたり、電話で意見を聞いたり、真狩村におもむいての打ち合わせをしたりしながら設計と工事を進めていったのだった。

この本は、そうした仕事の流れの中から、手紙とFAXとメールのやりとりを抜き出してまとめたものである。

ところで、この往復書簡をあらためて読み返してみると、設計や工事内容に関しては、それほど突っ込んだやりとりがなかったことに気づく。一度だけ、ちょっとした確執があったほかは、おおむね穏やかなやりとりを重ねることで、お互いの理解は深まり、信頼関係が着実に築かれていった。設計依頼者《クライアント》と建築家にとって、なによりも大切なのはお互いの気持ちや立場を尊重し、一目も二目も置きあう信頼関係だが、その点で手紙のやりとりは大いに役立ったと思う。私の中では、設計者からの連絡や報告のための事務的な手紙というより、友人に宛てて手紙をしたためている感じだったが、おそらく、神さんも同じ気持ちだったにちがいない。

そのように淡々としたやりとりの積み重ねを、石をひとつひとつ積み上げて造る石造建築になぞらえることもできるかもしれない。ひとつひとつは取り立てて特徴のない石も、やがては、堅牢で存在感のある建物となる。今回は石造ではなく簡素な木造建築だったが、このようにして「Boulangerie JIN」の新店舗が完成したのだった。

さて、ここで、もう一度、冒頭のパンの定期便の話に戻ろう。

基本設計が終了したとき、私は神さんに、設計料の半額相当をパンで分割払いしてもらえないかと手紙でもちかけた。食いしん坊ぞろいの私の事務所の昼食は、毎日、自分たちで作って食べる「賄いランチ」なので、美味しいパンが定期的に届いたら、メニューのレパートリーも拡がってこんな嬉しいことはないのである。

そして、神さんからは打てば響くタイミングで次のような返事が届いた。

「設計料のこと、お気遣いいただきありがとうございます。では、お言葉に甘えて、パンで支払わせていただきます。今月から月に二度、Boulangerie JIN か、中村さんの事務所が無くなるまで、送らせていただきます」

つまり、そのパンの定期便が設計料のもらい過ぎになるかどうかは、私の事務所の存亡にかかっているのである。

薪窯のパン小屋
トタン葺きの
古い納屋
がズラーリと並ぶ)

BOULANGERIE JIN

ガレージキットを
骨組に使った
神さん一家の
すまい
前面道路（開店前、この道路にお客さ

真狩村、Boulangerie Jinの全体配置図。ガレージキットの構造を使ってセルフビルドした店と住まい、神夫妻が自分たちで煉瓦を積んで作ったパンを焼く薪窯の建物、敷地内にもとからあったトタン葺きの古い納屋の三つが、つかず離れずの位置に建っている。薪窯の右手背後にこの村のシンボル的存在の羊蹄山の偉容が望める。

右ページ／パン職人の神幸紀さん。
左ページ／上右・薪窯の火の加減を見ながら薪をくべる神さん。
上左・薪は火力の強いナラやクヌギなどの堅木を小割にしたものを使っている。
下・窯を温めるために、ひと抱えもある火柱が上がるぐらいの勢いで薪を焚き続ける。パンは窯の輻射熱で焼くため、パンを焼くときは原則として薪をくべることはしない。

右ページ／薪窯の小屋内部の様子。手作りしたことがはっきりわかる、ごく質素な窯とその周辺。左ページ／手作りしたこの薪窯は神さんの良き相棒である。神さんの仕事ぶりには一切の無駄がなく、淡々とパン種を窯に入れ、焼き上がったパンを淡々と取り出しているように見えるが、その淡々の背後に、経験に裏打ちされた周到な準備があることを忘れるわけにはいかない。

薪窯から焼きたてのパンを運び出し店に運ぶ神さん。薪窯の建物の小ささがお分かりいただけるだろう。店と別棟になっていることで、雨の日、雪の日は移動が難儀になる。この不便さ、不自由さをなんとか解消したいというのも、新築計画を決心したきっかけの一つだった。

お店のオープンは9時。売り切れたところでその日は店じまいである。開店前から店担当の神麻里さんの準備が忙しくなる。季節のいいときは、ご覧の通り、9時前には店の前に行列ができることもしばしば。

薪窯（右）、納屋（左）、お店と住まい（左ページ）の様子。どの建物も風景の中にすっぽり収まっていて、目立つことはない。このあたりに目印になるものがないので、パンを買いにお店に来た人が迷ってしまって辿りつけないこともよくあるらしい。
この日はまだ10月だというのに、初雪が降りはじめた。

上・お店の正面。白いテントとガラスドアだけがお店の目印。「こんなところに?」そう、こんなところで、天然酵母の本格的なパンが買えるんです。

下・お店と住まいの平面図。建物の約3分の1をお店とパン工房が占めている。住まいのほうはごく簡素なワンルーム住宅である。

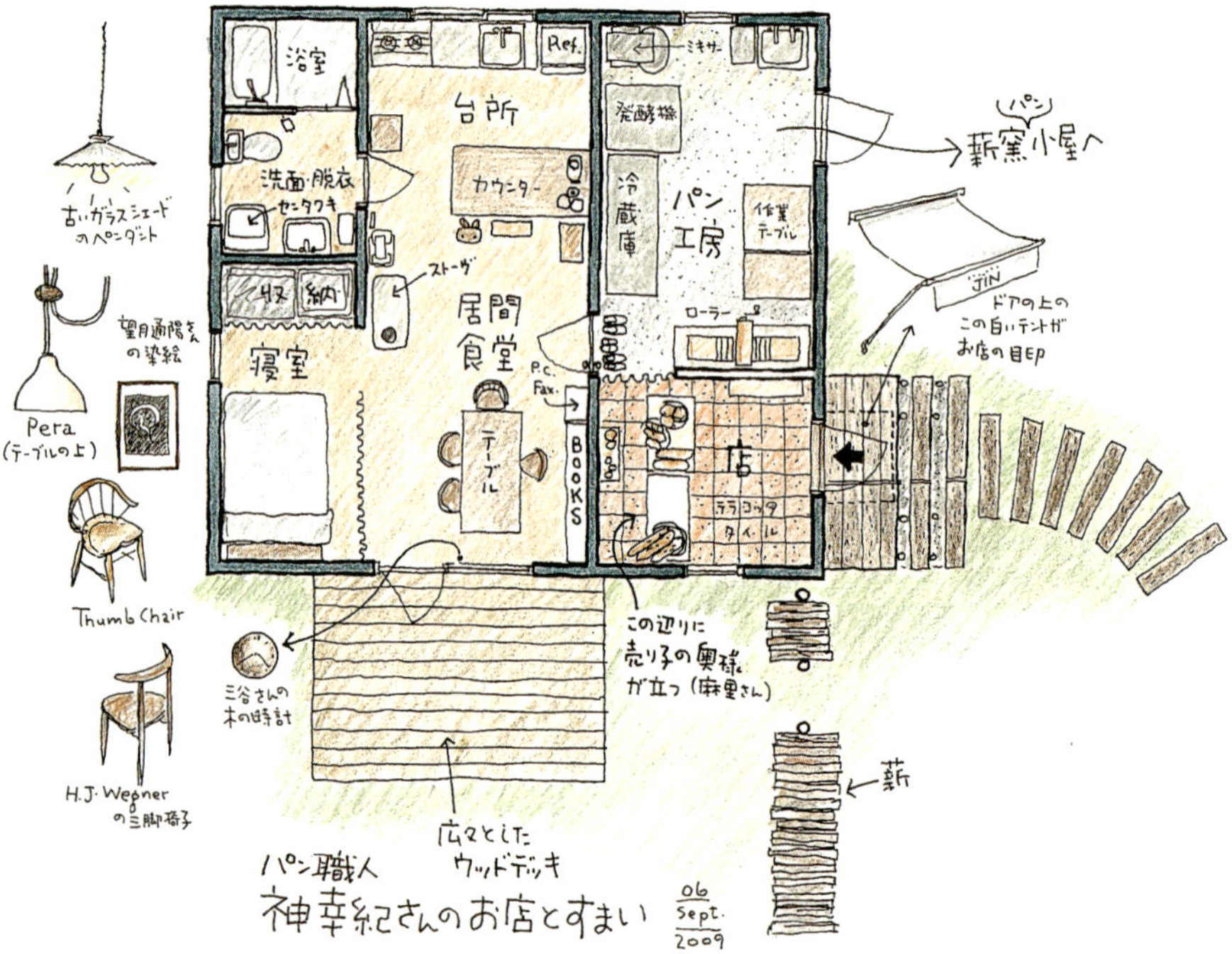

神さん一家の暮らしぶりの窺える室内。セルフビルドで仕上げた内部に、なんともいえずほっこりとしたあたたかな気配が感じられる。手仕事が醸し出す独特のあたたかさ。

建築家、中村好文のもとに
真狩村のパン屋、神幸紀からパン小屋の設計依頼の手紙が届く

# 1 はじめまして。北海道真狩村に住む神幸紀と申します……

2009年3月7日
中村好文様

はじめまして。北海道真狩《まっかり》村*に住む神幸紀と申します。

小さな村で、妻と四歳の長男と、いまは、ガレージを改装した小屋で、パン屋をして生活をしています。

小屋からすこし離れた場所にパン焼き窯を作り、そこで焼いています。工房と窯が離れていて一度外に出ての作業になること、売り場が狭くお客さんが四人も入ると窮屈になってしまうこと。最近はそのようなことが不自由に感じられたり、それによっていろいろと問題がでてきたため、このたび新しく建物を建て、パン窯も大きくする計画をたてました。

家族でパン屋をしているので、もちろんその建物が食事の場であり、子育ての場でもあり、暮らしの場、仕事の場でもあります。

生活と仕事の境界はあいまいで、混在しています。そのような暮らしすべてを包み込み、融通がきき、簡素で朗らかな建物をお願いしたく思い、お手紙いたしました。

私たちの作るパンは、焼きっぱなしの素朴なパンがほとんどです。仕上げもしないので、

＊ 北海道南西部、札幌から車で二時間、羊蹄山の麓の静かな農村。近くにはスキーで有名なニセコがある。

焼き上がりの表情に思いを込めて作ります。建物もシンプルで簡素、働いていて気持ちが落ち着くような、自然に寄り添うものがいいなと思っております。

大きな窯の設置できる工房、薪割り小屋と薪置場、明るく気持ちのよい、広すぎない売場、それらの隅に寄り添っている生活スペースがあること。あまり大げさでなく、外観からは店を感じさせない普通の建物が私たちのイメージしているパン屋です。

私たちの暮らす、この真狩村をすこし紹介いたします。自然いっぱいの農村で、羊蹄山という山が村のシンボルのような存在です。山からの湧水が村の水道水にもなっていて、食材が豊かで、村には自慢のフランス料理店もあります。

内藤廣[*1]さん設計のレストラン（「マッカリーナ」[*2]）で、私もそこで働いたことがきっかけになり、この村に住むことになりました。隣にすぐ畑があり、野菜をそこから収穫し、その日のうちにメニューにのっているような、素朴で、地に足のついた、そんな料理です。

私たちのパンも素朴でシンプルです。粉を挽き、薪を割り、火を見て、パンを焼く。

素材や大地を自然と感じることのできる土地なのです。

パンを窯に入れるとき、昔の職人は十字を切り、祈りを捧げていたといいます。窯の中のパンがよくふくらみ、きちんと焼き上がることはとても神秘的なことだったようです。

窯の中に入れたあとは、いまの私たちも、おいしく焼けますようにと願い、祈る気持ちはあまり変わらないような気がします。静かで願いを込められる空間で、私も時を過ごすことができたらな、と思います。

どうぞ私たちの夢、小さなパン小屋をお願いいたします。

北海道真狩村

神 幸紀《とものり》（34）、麻里《まり》（38）、幸太朗《こうたろう》（4）

＊1　日本を代表する建築家（一九五〇年—）。建築家として活躍する傍ら、社会と建築に関心をもち、土木や造園など都市景観を職域として確立すべく「GSデザイン会議」の立ち上げにかかわる。東京大学や早稲田大学で教鞭をふるうなど優れた教育者としての顔もあわせもつ。三重県の「海の博物館」、高知県の「牧野富太郎記念館」、長野県の「安曇野ちひろ美術館」などの代表作がある。中村好文は「安曇野ちひろ美術館」の家具デザインを担当した。神幸紀が独立する前に働いていた「マッカリーナ」は内藤の一九九八年の作品。

＊2　真狩産の素材をふんだんに使った料理と羊蹄山を望むすばらしい自然が楽しめるオーベルジュ。朝食には何種類ものBoulangerie JINのパンが供される。

手紙に感動を覚えた中村は設計依頼を快諾、
喜んで設計を引き受ける手紙を出す

# 1'「パン小屋」の設計、喜んでお引き受けします

2009年3月12日
神 幸紀さま　麻里さま　幸太朗くん

はじめまして。中村好文です。

頂戴した設計依頼のお手紙、嬉しく拝読いたしました。

久しぶりに手書きによる設計依頼のお手紙だったので、胸の中に灯のともったような温かい気持ちを味わいながら、繰り返し読ませていただきました。

お手紙を読みつつ、そういえば十五〜二十年ぐらい前までは設計の依頼のほとんどが手書きの手紙だったことを思い出していました。いつのまにか手紙の大半はワープロで書かれた活字になり、最近は、Eメールでの問い合わせや依頼も増えてきています。こうした変化にぼく自身も慣らされ、さほど違和感を感じることなく過ごしてきましたが、神さんのお手紙を読み、あらためてその変化の大きさと、受け取ったときの印象の大きな「違い」について気づかされました。

この「違い」について書き出すと長くなりそうなので、ごくあっさり書きますが、手書きの手紙からは書き手の体温と息づかい（肉声といってもいいかもしれません）が、はっ

きり感じられるような気がするのです。そしてこのことを最初に感じておくことが設計する際の大きな手がかりになるように思います。

もう一つだけ手紙に対する感想を書かせてください。

神さんのお手紙を読み終わったとき、ぼくは思わず「ひぇー」という感嘆の声をあげました。文章全体から漂う穏やかなトーン、的確な言葉遣いとその簡潔な表現、書き慣れた字で綴られた具体的な内容……を読みながら（というより封筒の宛名書きを見たときから）神さんという人は、四十代後半から五十代初めぐらいだろうな、いや、もしかしたらぼくと同年代ぐらいなのかもしれないと思いました。もしそうでなくても、鬢に白いものの混じりだした年代に違いないと思っていたのです。ところが、お手紙の最後に（34）と年齢が明かされているではありませんか！　この年齢には本当に驚かされました。失礼ながら、ふと「老成？」という言葉も頭に浮かんだほどです。

ここまでを読み返していて、まだ肝心の依頼に対するお返事をしていなかったことに気づきました。いい歳をして、どうも「簡潔」さに欠ける手紙ですね（歳は関係ないかも）。

大きな窯の設置できる工房、薪割り小屋と薪置場、明るく気持ちのよい、広すぎない売場をコンパクトにおさめた神さん一家の「パン小屋」の設計、喜んでお引き受けします。というより、この仕事をほかの建築家に渡すわけにはいかない！　という気持ちになっています。この「パン小屋」こそ、ぼくのやるべき仕事、「小屋好き」の真価が問われる仕事だと思っているのです。

あまたの建築家の中からぼくに声を掛けてくれたこと、心から感謝しています。建築家冥利に尽きるこの「パン小屋」の仕事を、神さん一家と、楽しみながら、慈しみながら、気持ちを込めてやり遂げたいと思っています。

最後になりましたが、できるだけ早い機会に真狩村を訪ね、建築予定地の現状や、神さん一家の暮らしぶりを拝見したいと思っています。また、せっかくなので、友人の内藤廣さんが設計した「マッカリーナ」に宿泊し、評判のフレンチを味わいたいと考えています。

では、このへんで。

真狩村でお目にかかれる日を楽しみに。

中村好文

◉**2009年6月2日→3日**／中村は札幌在住の建築家、新貝孝之（中村好文の北海道での仕事を全面的にサポートしている建築家）を伴い真狩村の神幸紀の営むパン屋（Boulangerie JIN）を訪れる。神一家との初顔合わせで意気投合する。

◉**6月7日**／真狩村で敷地と神一家のパン屋とその暮らしぶりを下見した後、納屋を改修する粗案（第1案）を作成（設計図は五八ページ以下を参照）。

◉**6月9日**／新貝、単独で真狩村を再訪し、Y工務店の道塚氏と納屋の実測調査を行う。

真狩村まで打ち合わせに来てもらったことへお礼。
パン作りの工房の現状と問題点などを伝える

# 2 私はパン窯にも神が宿るのだと信じずにいられません

2009年6月10日
中村好文様

先日は、遠く真狩村までお越しいただき、ありがとうございました。とても楽しい時間を過ごすことができました。パン小屋のほうも依頼を受けていただき、ほっとしております。

新築への夢や建築雑誌などを見て、浮き足だっていた気持ちがありました。いまこうして落ち着いて考えてみると、「納屋を改修してパン小屋にしよう」という中村さんの提案をとても新鮮に感じます。そして、そういう慎ましい感じが自分たちにはちょうどよいと思っています。

私にとって今回の計画でとても大切なのは、パンのための環境をととのえることです。システムをととのえるのはもちろんですが、精神的にも満たされ、自分ともパンとも向き合える、そんな空間を夢みています。

パン作りの工房は、とてもドタバタしていて、いろいろな作業が重なり、時間にも追われ、とにかく騒々しい場所です。しかし、パンを窯入れする時間は、そのことだけに一点集中する精神的にも静かな時です。工房と窯場は一体ですが、何かちょっとした気持ちの切り替えの間があったらいいなと思います。

パンの機械や業務用冷蔵庫が動きだすと、いまの工房では熱がこもってしまい、売場までひどい暑さになってしまいます。その点も解消できればと思っています。

それともう一つ、これは要望のようであり相談のようでもあることなのですが、「煉瓦」が気になっています。思い入れがあるということと、これも薪やパン生地、木ベラなんかと同じように仲間みたいなものなので……。

『住宅巡礼』の[*1]アスプルンドの[*2]「夏の家」がとても好きです。夏の家そのものも好きなのですが、「夏の家」を見ている中村さんの感覚にとても惹かれるのです。ムーミン暖炉を生き物みたいに感じるように、私はパン窯にも神が宿るのだと信じずにはいられません。一日のパン焼きが終わると「今日はおつかれさん」と声をかけたくなるような気持ちにもなります。

売場は妻のテリトリーですので、適度に希望や相談に耳を傾けていただければと思います。

できれば秋頃に中村さんの御代田の「働く小屋」＝[*3]「LEMM HUT」を訪ねたいと考えています。中村さんの都合がよければ、ご一緒していただければ嬉しいです。「LEMM HUT」で、ワインとパンで楽しく会話したいと思います。

またお会いできることを楽しみにしております。

神幸紀

＊1　エーリック・グンナール・アスプルンド（一八八五ー一九四〇年）。北欧モダニズムの先駆的な建築家。コンペで勝利してから完成まで二十五年の歳月を要した「森の火葬場」をはじめ、礼拝堂、墓地、火葬場など死に関連するプロジェクトを数多く手がけた。建築以外に童話的な魅力をたたえた家具もたくさん残している。

＊2　中村の著書『住宅巡礼』（新潮社）を参照。ストックホルムから車で一時間半。豊かな自然の中、岩山を背負って建つアスプルンドの別荘。食堂のかたすみに手のひらで撫でたように丸っこい、あたかもムーミンを彷彿とさせる形の暖炉がある。

＊3　四九ページ参照。浅間山の山麓、長野県御代田にある中村好文の休暇小屋。中村はこの小屋でスタッフや友人らとエネルギー自給自足の実験をしながら、週末の小屋暮らしを愉しんでいる。

中村は真狩村でパン焼きの窯小屋と店と住まいが一体になった神一家の暮らしぶりを目の当たりにし感銘を受ける

# 2' 誠実な暮らしを丸ごと受け容れている、簡素極まりない住宅に目を瞠る思いでした

2009年6月24日
神幸紀さま　麻里さま

こんにちは。先日はいろいろお世話になりました。

じつは真狩村から帰ったあと、なんとなく日常の仕事の流れに乗れず、しばらくぼんやりしていました。一種の真狩後遺症です。真狩村で過ごした二日間、具体的には、神さん一家の現在の住まいと暮らしぶりのことや、簡素そのものの（いっそ粗末と言ってもいいぐらいの）魅力的なパン焼きの窯小屋のこと、また、そこで焼かれた美味しいパンのこと、幸太朗くんと遊んだことなどを思い出して、これから取り掛かる設計についてあれこれ想いを巡らしています。

今回は予定をちょっと強引にやりくりして、最初に考えていたよりも早めに真狩村を訪ねることができて良かったと思います。いただいた手紙から受けた印象をそのまま持ち続けると、それがいつの間にか固定観念に育ってしまい、現実とのギャップが埋めにくく

＊1　二〇〇四年、ローコストで店舗と住まいを作るため、神

なってしまうものですが、幸いにもそうなる前でしたから。

　真狩村に入ったところでちょっと道に迷いましたが、遠くから、切妻屋根を載せた平屋の建物を見つけ、さらに進んで路傍に「Boulangerie JIN」の控えめな看板を見つけたときは「おお、来た、来た」と独り言が出ました。そして、戸口に迎えに出てくれた神さんと会釈を交わしながら「なあんだ、老成どころか、想像してたよりずっと若い人じゃないか！」とちょっと肩すかしを食ったような気持ちになりました。坊主頭で童顔のせいか、神さんは年齢よりずっと若く見えました。神さんは、手紙では年嵩に見せ、実際は若く見せる変幻自在なタイプなんですね。

　でも、肩すかしはここまで。ツーバイフォーのガレージキットを骨組みに利用してセル[*1]フビルドで作られた建物の中にある小さなパンの店も住まいも「ああ、知ってる、知ってる、みんな知ってる」という感じでした。実際、パンの店ではぼくの親友である三谷[*2]さんの大ぶりの木の器が使われていましたし、通された室内で、真っ先にぼくの目に飛び込んできたのは、なんと、ぼく自身のデザインした照明器具《ペンダント》でした。それどころか、食事用にはサムチェア（これもぼくの椅子です）が使われており、窓上の小壁には三谷さんの木製の掛け時計、壁には二十代からの友人、望[*3]月通陽さんの染め絵の額が飾られていました。おまけに本棚には、雑誌「住む。」のバックナンバーや、ぼくがこれまでに出したほとんどの本がズラーと並んでいて、思わず「なんだか自分の家に帰ってきたみたいだねぇ」と声に出して呟いたほどです。

　ところで、家の内外のたたずまいもそこでの暮らしぶりも、ぼくにはとても好ましく思えました。ここには、地に足の着いた人間らしい暮らしがあるという実感。背伸びもせず、萎縮もせず、自分たちの信じることと、そこでできることを精一杯していくことで満ち足

はカナダ産の材料を使ったツーバイフォー工法のガレージキットを主体構造として利用した。基礎工事、給排水・ガス工事、電気工事は業者に依頼したが、断熱材を発注し、外壁を張り、床板を張り、漆喰を塗る工事のすべてを約半年かけてセルフビルドした。その後も子供の成長や、生活の変化に合わせて改造していくセルフビルドは続き、新店舗を含むパン小屋の新築の折には大規模な改修工事を行った。煉瓦造りの薪窯でパンを焼く旧パン小屋も神が自作したもの。

＊2　長野県松本市在住の木工デザイナー、三谷龍二のこと。ふだんづかいの木の器を作り、全国のギャラリーで個展を開く人気作家。神夫妻は以前から中村の親友でもある三谷の熱烈なファンだった。

＊3　染色家としてスタートし、その後、版画、彫刻、陶芸へと活動の範囲を広げているアーティスト。中村とは三十数年来の友人。

りている暮らし。その豊かさと尊さをヒシヒシと感じたのです。ひとことで言えば「誠実な暮らし」ということになるでしょうか。そして、その誠実な暮らしを丸ごと受け容れている、簡素極まりない住宅にも目を瞠る思いでした。

今回の依頼は、パンの店とパン工房とパン窯小屋の設計ということなので、わざわざ言うまでもないのですが、もし、住宅も一緒に設計してほしいと言われたとしたら、おそらくその部分（つまり住宅のほう）は、たぶんぼくはお断りしただろうと思います。というのは、ぼくには、現在の神さんたちの住まい以上の住宅を設計することができないからです。別の言い方をすれば、もしお引き受けしても、今とまったく変わらない住宅になってしまったに違いありません。

面積を切り詰めた平屋にして、切妻屋根[*1]にして、プランを明快にして、粗末でも古びたときに美しくなる自然素材を使って、贅沢することよりも始末にすることを考える住まい……それは現在の神さんたちの住まいそのものだからです。

わざわざ住宅について書いたのは、今度新たにつくるお店とパン窯を含むパン工房も、こうした神さんたちの精神をしっかり受け継いで設計したいと思ったからです。

話はちょっと変わりますが、札幌から新貝さん[*2]の運転する車で真狩村へ向かう道すがら、車窓を流れる風景の中に点在している牧場のサイロや納屋に目と心を奪われました。そのスケールといい、仕上げといい、粗末ながらなんという合理的で機能的な建物でしょう。なによりも「正直な建物」というその感じが大いに気に入りました。中には外壁のトタンの錆び具合がそれはそれは美しく、できることなら、そのまま持って帰りたいと思う名作（?）もありました。

じつは、道々そんなことを新貝さんと話していたので、神さんのお宅にある納屋を改修

＊1　「への字」型のシンプルな傾斜屋根。屋根の上に雪が積もりにくいという長所がある。

＊2　中村の北海道での仕事を現地でサポートしている若手建築家。

してパン小屋にしてみたいという提案をさせてもらったのです。実際には構造的にも工法的にもそれが可能かどうか、現状をもう少し詳しく調査し検討してみなければ結論が出せませんが、できれば新築するのではなく、なんとか増改築という形にできないかと考えています。

さてさて、肝心のパン小屋のことがいちばん最後になりました。

先日、いろいろお話をうかがっていて、いちばん印象に残ったのは、神さんのパン窯に対する熱い想いでした。正確に言うと、薪をくべ、パンを焼くことへの「祈り」のような気持ちがぼくにもヒシヒシと伝わってきました。このことは、最初にいただいた手紙にも書かれていましたが、より強くそのことを感じたのです。パン窯のある場所（窯場）を、たんに機能的で働きやすいというだけではなく、神さんというパン職人のための、個人的なチャペルのように神聖な空間にしようと思います。設計する側としては、より精神的である分、ハードルも高いものになりますが、それだけにいっそうやり甲斐のある仕事になりそうです。ぼくにどこまでできるか、神さんの期待を裏切らないよう、力一杯頑張りたいと思います。

長い手紙になってしまいました。次回うかがうときは、基本設計の第1案と室内の様子の分かる五〇分の一縮尺の模型をご覧いただく予定です。どうぞ、お楽しみに。

中村好文

では、麻里さんと幸太朗くんによろしく。

中村の手紙への感想と、住まいについては自分たちで作り育ててきたこと、そして、これからもそうしたいことを伝える手紙

# 2” 自分たちの住む所くらいは自分たちの手で作ってみたい、という好奇心のほうが強かったように思います

2009年6月30日
中村好文様

お手紙頂きました、ありがとうございます。

妻と二人で涙ぐむほどうれしい気分になりました。自分たちではさほど気づかないでいた暮らしぶりを初めてお会いした中村さんに好感をもって受け入れていただけたこと、理解していただけたことが驚きでもありました。

簡素なガレージキットの家は、パン屋を始めるための最低限の暮らしができるように作ってきたものです。予算不足ということもあったのですが、それ以上に自分たちの住む所くらいは自分の手で作ってみたい、という好奇心のほうが強かったように思います。

煉瓦造りのパン窯も同様に、どのようにパンが焼けるのかという根っこの部分を実感として知っておきたいという思いでした。

暮らし始めてからも、不便だなと思う所は慎重に考えて作り直し、少し傷んできた部分

は手直しし、子供がハイハイするようになった頃にようやく、自然素材の床板を張るといった具合に、今でも家作りは続いています。

新築のパン小屋が完成の後には、現在の工房、店舗、それに煉瓦造りの窯小屋の改装にも思いをめぐらせています。

現在の店舗部分は子供部屋にしようかと検討中です。光もよく入り、明るい部屋になりそうですが、今のままのテラコッタ床では冷たいので、床板などを新たに張ったほうが良さそうですね。

工房部分は、きちんと靴を揃えて出入りすることのできる玄関（今まで玄関と呼べる場所が無かったので）とちょっとした作業や、野菜の保管ができる広めの土間スペースとして使いたいと思っています。

そして、煉瓦のパン窯小屋は、中村さんのアドバイスを受けて、読書室（兼ゲストルーム）に改修しようと思っています。現在活躍中のパン窯は解体し、耐火煉瓦を再利用して小さな暖炉を築き「パン窯へのオマージュ」としたい考えです。

新しいパン小屋の計画とは関係ないことまで長々と書き綴ってしまいましたが、新しいパン小屋の建物、ガレージキットの住まい、煉瓦造りの書斎と三つの建物が良い関係を保ちながら、暮らしながら育て、そして、僕たちの暮らしや仕事を支えてくれる建物になってもらいたいと願っています。

完成がいつになるのか見当もつきませんが、手直ししながら、楽しみながら、作り続けてゆくつもりです。

また、遊びにいらしてください。

神幸紀

既存の納屋で再使用できそうな建材、基礎部分の問題点を指摘。

東京の事務所でも設計案を進めておくことを伝える手紙

# 3 問題はその木造を縁の下で支えている基礎部分です

2009年7月13日
神幸紀さま

こんにちは。お元気ですか？

こちらは、毎日、毎日、鬱陶しい梅雨空に覆われており、気持ちまで黴が生えそうです。梅雨のない北海道がつくづくうらやましいです。

さて、先日の手紙に書きそびれてしまいましたが、じつは、前回（6月2〜3日）そちらに下見に出掛けたときの札幌に向かう帰り路、新貝さんと車の中で既存の納屋をどのようにパン工房に改修したらいいか、具体的な相談をしながら帰りました。

見たところ、とりあえず再使用できそうなのはあのタモ材[*1]の太い梁の部分だけで、古材を使いまわしたと見受けられる柱は断面的（太さ的）にも強度不足なので、添え柱[*2]をするか、新しい柱に差し替えるなどの補強が必要です。また、屋根を支える垂木[*3]も長年豪雪の重みに耐えてきたせいで、だいぶくたびれてたわんできており、この部分はすべてもう少し大きな部材にやり替えることになると思います。とはいっても、こうした木造部分は、補強するなり、取り替えるなり、なんとでもなることなので心配にはおよびませんが、問

＊1　タモの木は北海道に多く自生している木。堅く粘りある樹種なので、北海道では梁材として使われるが、主に家具などに使われる用材。

題はその木造を縁の下で支えている基礎部分です。「この部分をどのように改修したらいいか？」じつは、新貝さんとの打ち合わせはこの部分に集中しました。早い段階で、現状の実測調査をし、構造補強の具体的な方針を決めたいと思います。

納屋の魅力を生かした改修計画のほうは、すでに少しずつ進めています。実測調査の結果がわかり次第、構造模型を作り、この模型と照らし合わせて基本設計案にまとめ上げたいと思います。8月末か9月の初旬には、そちらに伺い、基本設計案を見ていただきたいと考えています。

予定がはっきりしたら、お知らせしますが、やはりお店が休みの火曜日から水曜日にかけてがよろしいでしょうか？　神さんのご都合をお聞かせください。

では、またお目にかかるのを楽しみに。

中村好文

**◉7月21日**／6月9日の既存納屋の実測調査の結果をもとに進めていた改修計画を、第2案としてまとめる。その後も、この案を実現するための検討を進めるが、新しく基礎を作る方法に妙案がなく、暗中模索状態が続く。

**◉9月6日→7日**／真狩村を訪れ、納屋改修の第2案を図面と模型で神一家にプレゼンテーションする。

＊2　柱を補強するために脇に添わせ、ボルトナットなどで一体化させて建てる柱。腐食した柱や、強度の不足している柱を再利用する際などに添え柱で補強する。

＊3　野地板と呼ばれる屋根の下地板を打ち付けるために必要な角材。屋根の頂部から軒先までをつなぐ部材。

9月6日に中村と新貝が真狩村に持参した納屋改修・第2案に対する
パン屋から見た根本的な問題点を指摘

# 3'
# もう少しパン屋の仕事、一日の流れ、そういったことを話さなければと思っています

2009年 9月12日
中村好文様

先日は、納屋改修案の図面と模型をお持ちいただき、ありがとうございました。二階のテラスや、ちょっとしたカフェスペースなんかもあってわくわくしました。初めて見る建築模型そのものに感動してしまい、あまり打ち合わせらしい話が出来なかったようにも思っています。

どのように設計作業が進んでいくのか、まだイメージできていないのですが、この模型案で進んでいくのであれば、もう少しパン屋としての働き方、機械の数やサイズ、お客さんの入り方、駐車場の広さなど具体的に話さなければと思っています。

今回いただいた案ですが、窯場と店舗は充分な広さですが、パンを作る工房スペースが手狭に思えることと、薪の置き場が建物の内部に大きなスペースをとっていることなどが気になりました。薪は建物内ではなく、外に屋根がかかっている状態だけで良いような気

がしています。

それから、現在の駐車スペースを張り出してきた店舗部分がふさぐことになってしまいますので、繁忙期のお客さんの車を停めるスペースが足りないのでは……と、心配しています。

しかし、既存の納屋が改修されてまた使えるのであれば、僕たちとしては、それに越したことはありません。新築という言葉より改修という言葉のほうが、なんだか照れが無く、気恥ずかしい感じがしないでしっくり来ます。

納屋改修という方向が決まったようですので、これからは細かなパン屋の仕事、一日の流れ、そういった打ち合わせが必要ですね。

可能であれば、新貝さんに今週末にでもお客さんの様子を見ていただければと思います。次の9月の中村さんとの打ち合わせも、店の定休日に来ていただいたほうがゆっくりとお話しできるのですが、今回は営業日に来て頂いてパン屋の動いている様子を見ていただくのが良いのでは……と思っています。

追伸――先日お会いしたときに厚かましくもお願いしました、御代田の「LEMM HUT」訪問の件ですが、日程がほぼ決まりました、9月28日に宿泊させて頂ければと思っています。それと、もう一つお願いがあります。その折にできれば「MITANI HUT」*も（ぜひ！）見学させていただけないでしょうか？
それでは、次回、お会いしてお話しできることを楽しみにしています。

神幸紀

＊ 中村が友人の木工デザイナー、三谷龍二のために設計した一人暮らし用の小屋。床面積わずか八坪の中に住宅に必要なものすべてが詰まっている

●**9月15日**／神は札幌の新貝設計事務所を訪れ、薪窯のサイズと設置方法、パンを作るための機械や道具類の種類や配置について、また、パン屋の仕事内容など具体的に伝えつつ、プランの打ち合わせをする。

●**9月16日**／納屋を再利用する第3案作成。前日の打ち合わせで、納屋だけでは絶対面積が足りないことがわかり、外側に大型冷蔵庫とストック用の小屋を新築しその上を眺望テラスにする案。工事内容が複雑化し範囲も広がるため、どう考えても予算内に収まらない実現不可能な案となる。

●**9月17日→19日**／納屋の基礎について、中村と新貝は、電話とメールでやりとりを繰り返し、結局、現実的には実現不可能という結論に至る。

基礎の補強について解決の方策が見つからず、納屋を改修する案を断念せざるを得なくなったことを伝える手紙

# 4 懸念していたとおり、納屋の基礎の補強が思いのほか難問題で……

2009年9月20日
神幸紀さま

こんにちは。

先日はありがとうございました。

ご覧いただいた納屋案は、パンを焼くための下ごしらえのスペースや、薪窯に入れるまでの流れ、焼き上がったパンをお店に並べるまでの手順、機械類の種類と並べ方の順序、薪のストックと薪割りのスペースなどなど、わからないことが多いまま、取りあえず打ち合わせのための「叩き台のプラン」でしたが、神さんからいくつか気になるところを指摘していただき、問題点が明らかになってきたように思います。

また、頂戴したお手紙でも今回の納屋案に対する感想とご意見をいただき、ありがとうございます。設計で盛り込むべきことが、いっそうクリアになったように思います。

お手紙には「営業日に来ていただいてパン屋の動いている様子を見ていただくのが良いのでは……」とありましたが、次回、そちらに伺うときは、ぜひ、神さんが仕事を開始する早朝から一緒に起き出し、足手まといにならない程度につきまとって、一日の仕事の流れと実際の作業ぶりを見学させていただきたいと考えています。


ところで、今日はちょっと残念なお知らせがあります。先日、既存の納屋を再利用して増改築する案をご覧いただいたばかりで申し上げにくいのですが、当初から懸念していたとおり、納屋の基礎の補強が思いのほか難問題で、結局その決定的な解決策が見いだせませんでした。このため、残念無念ながら納屋の再利用を諦めなければならなくなってしまったのです……と、書いても、すぐには納得しかねるでしょうから、簡単に説明します。

寒冷地の基礎は、本来ならその底面が凍結深度（冬期に地表面より下が凍りついてしまう深さ、真狩村だと一メートル〜一メートル二〇センチぐらいです）より下になければならないのですが、現状はただの石ころ（切石[*1]？）が基礎になっていて、その上に土台を載せただけの簡単きわまりない造りになっていました。この状態で何十年も壊れずに保《も》っていたことも驚きですが、いくらなんでも「このままにしておく」わけにはいかないので、解決策として現在の柱の外側に添え柱を抱き合わせ、構造のラインを柱一本分、外側にずらす方法を考えていました。新しい柱の下に新規に土台を敷き、その下に新規に凍結深度の下まで届く深基礎を設けようという作戦でした（スケッチ[*2]を参照してください）。ただ、こうするためには建物際《ぎわ》を深々と掘ることになりますが、現状の納屋を見る限り掘り出したとたんに、たちまち建物が倒壊（または崩壊）してしまうことが予想されるのです（Y工務店の道塚さんにも「そんなこと、おっかなくてできないですよ！」と断られる工事内容です）。というわけで、文化財級の建物なら、お金をかけてでもやる価値はあるでしょうが、ローコストが大前提の今回の工事では、やはり再利用は断念しなければならないという結論に至ったのです。

「納屋を再利用しましょう」と言って、神さんにぬか喜びさせてしまったようで大変申しわけなく思っていますが、あの頑丈そうなタモ材の梁は解体時に丁寧に外してもらい、新しい建物の「ここぞ！」という場所に、「こんな使い方が！」と言われるような再利用の方法を考えたいと思っています。そして、そのことで納屋の記憶はちゃんと残すつもりでおりますので、どうかご勘弁ください。

　というわけで、数日前から頭をスッパリ切り換えて、新築案のスケッチを始めています。増改築案と違って制約がないので、縛られていた縄をほどかれたような気分です。自由過ぎてかえってとっかかりがない感じすらしますが、最初に頂戴した手紙と、最初に敷地に立ったときに感じた印象、それに、以前も書きましたが、パン窯をしつらえる部屋は「ど

＊1　直方体に切りそろえた石材。

＊2

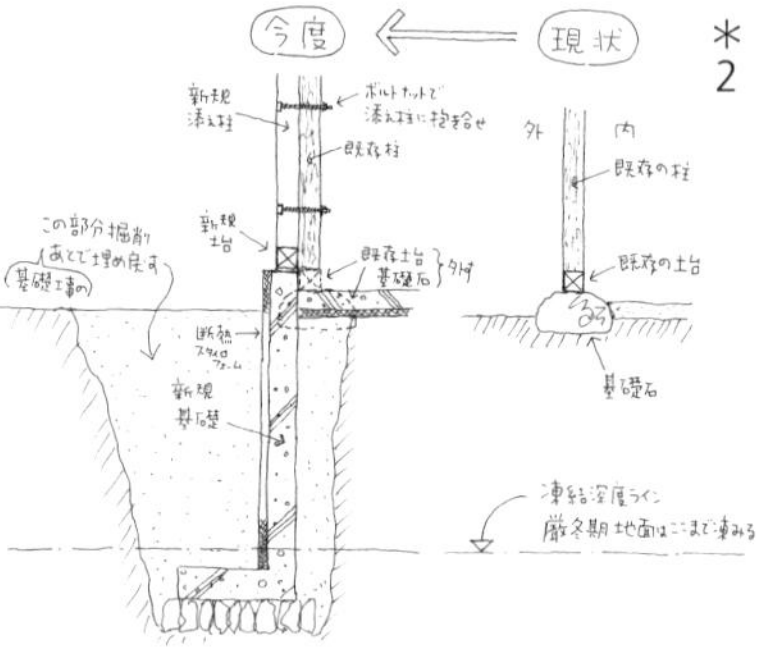

こか神聖な気分の感じられる空間」にしたいという思いを手がかりにして、少しずつ計画を進めていこうと思います。

次回、たぶん10月末あたりに、その新築案をご覧いただく予定ですので、楽しみにしていてください。


最後になりましたが、来週（9月28日）は、御代田の「LEMM HUT」に泊まりに来てくれるとのこと。もちろん歓迎いたします。そのうわさを聞きつけたスタッフも何名かぜひご一緒したいと手を挙げています（食いしん坊ぞろいなので、神さんの料理に期待しているふしもあります）。ぼくは、あいにくその日は大学に教えに行く日なので一緒には行けず、夕方六時に授業が終わりしだい駆けつけることになります。到着はたぶん九時半過ぎになると思います。

たぶんその夜は飲み会になると思うので（必ずなります！）、パン作りの作業の流れや機械類の配置の話など仕事に関する具体的な打ち合わせは、翌日の午前中にじっくりやりましょう。

では、月末に「LEMM HUT」でお会いできるのを楽しみに。

中村好文

追伸――三谷龍二さんに「MITANII HUT」の見学を頼んでおきました。「喜んで！」と言ってくれてます。今回はちょっとした「信州小屋めぐり」の旅になりますね。

●**9月28日**／神一家、御代田の「LEMM HUT」を訪れる。七厘の炭火で見事なローストビーフを焼くなど、元フレンチシェフの料理の腕前を披露して中村のスタッフから喝采を浴びる。美味しい食事がきっかけで談論風発し、小屋の宴は大いに盛り上がる。神はこの夜はどうしても中村の寝室でもある風呂小屋に一人で泊まりたいと主張して譲らず、中村は寝床を奪われ母屋に泊まることになる。

●**9月29日**／神一家、松本の三谷龍二の住まい「MITANI HUT」を訪問。三谷の木工の仕事の流れに感心し、真鍮製のドアノブの風合いなどに夫婦そろって羨望の熱い溜息を漏らす。

「信州小屋めぐり」のお礼と感想に続き、納屋改修案から新築案への方針変更を承諾する手紙

# 4' 新築のパン小屋でも、気負うことなく、今と変わらぬ気持ちで働けたらと願っています

2009年10月3日

中村好文様

こんにちは。信州小屋めぐりでは大変お世話になり、ありがとうございました。

「考える人」の連載当初から興味津々で拝見していた御代田の「LEMM HUT」に泊まり、僕たちが中村さんと出会うきっかけになった、「MITANI HUT」まで訪問させて頂いて感動の小屋めぐりでした。

強行スケジュールのため幸太朗は帰りの電車の中で熱を出してしまいましたが、御代田で入った五右衛門風呂*は良い思い出になったようで「また行きたい！」と楽しそうに話しています。

前回の手紙に続き、「LEMM HUT」での打ち合わせでも、古い納屋を改装することが構造的にも予算的にも難しいとの説明を受けたときは、少し残念に思いましたが、中村さんが、新築案でも納屋の面影を残したいと思うと話してくれたことが嬉しく、僕たちもこの納屋が好きだったんだなあと改めて気づかされました。

「パン小屋は新築する」という大方針が決まり、いよいよ本格的に計画がスタートですが、中村さんとなら気負わず、同じ方向を向いて進めていくことが出来そうです。それどころか、パン屋の最低限の機能や働き方をお伝えした段階で僕たちの役目は終えたのでは？という気にさえなってしまいます。

新築のパン小屋でも、気負うことなく今と変わらぬ気持ちで働けたらと願っています。

神幸紀

＊　薪で直焚きする風呂釜。石川五右衛門を釜ゆでにした方式と同じことからこの名称が付けられた。釜の底が熱くなるので木のスノコを沈めて入る。「LEMM HUT」の敷地の片隅にある風呂小屋の中にこの五右衛門風呂がある。わずか一・七坪のこの小屋は、風呂・脱衣場だけでなく、中村の書斎と寝室も兼ねている。

◉**10月10日**／中村は神に電話で、雑誌「住む。」（泰文館）の「真狩村のパン屋とその暮らしぶりの取材依頼」を伝え、承諾を得る。また、取材日を11月1日にしたいこと、カメラマンは雨宮秀也氏であることを伝える

◉**10月19日**／第4案（パン小屋新築案）作成。

◉**10月21日**／第5案作成。

◉**11月1日→2日**／真狩村にて、「住む。」の撮影を横目で見つつ、「パン小屋」新築案（第5案）を図面と模型でプレゼンテーションする。この案を見て神が漏らした「窯場と工房＋店舗のあいだに廊下のような緩衝地帯があったらいいですね」という言葉がヒントとなり、基本設計は完成に向かって大きく前進する。夕食のメインディッシュは美味しいシュークルート。午後から冷え込み、真狩村に初雪が降る。

◉**12月7日**／建物の中をパサージュ（通り抜け通路）が貫く案（第6案）を作成。

◉**2010年1月12日→16日**／神一家、中村好文の建築をめぐる「建築巡礼」決行。神戸→松山（「伊丹十三記念館」、「一六茶寮」）→奈良（「秋篠の森 ノワ・ラスール」）→千葉（「as it is」、「上総の家」）→東京（「そば石月」）を見学しつつ大移動。最終日の千葉→東京は中村もガイド役として同行する。

◉**1月17日**／「中村好文建築巡礼」のあと、妻の麻里と幸太朗は横浜にある麻里の実家に残るが、神幸紀は単独で真狩村に戻る。同日、中村は別の便で積雪の様子を見るため北海道に向かう。中村と神は新千歳空港で合流し、吹雪の中、神の運転で真狩村に向かう。中村、真狩村で豪雪に対面し、圧倒される。この夜は、二人して札幌にとんぼ返りし、札幌ルーテル・ホールで開かれた、つのだたかし*1・波多野睦美*2のコンサートを聴く。

◉**1月18日**／札幌のホテルで、ほぼ最終案となるパサージュ案（第7案）のプレゼンテーションをしたあと、細部について詰めの打ち合わせ。

＊1　中村が親しいリュート奏者。国内外でのコンサートやレコーディングのほか、古楽器バンド「タブラトゥーラ」を率いて、懐かしくてあたたかい曲を発表している。

＊2　ソプラノ歌手。つのだたかしとデュオを組み、コンサート活動をしている。歌曲のアンサンブルや歌芝居の公演にも力を注ぐほか、宗教音楽を演奏する「アンサンブル・エクレジア」を主宰。

# LEMM HUT巡礼

「LEMM HUT」を訪れたら、「ぜひとも叶えたい！」と
思い願っていたことがありました。
母屋から少し離れた場所に建っている風呂小屋での宿泊です。
ひと一人がやっと横になれるくらいの広さしかないこの空間が、
風呂を焚き終えたあとの残り火によって
「ほんわか」と暖められてとても居心地が良かった。
（この小屋の唯一の明かりでもある）オイルランプに火を灯し、
ほんの少し読書をしてこの小屋での一人の時間を満喫し、
寝袋に包まって眠りました。

中村さんの著書で引用されていた、チャールズ・ムーアの言葉、
「偉大な建築物の実感を得るための最上の方法は、
その建物の中で目を覚ますことである」という一節が、ずっと僕の頭に残っていて、
それを実践することができた最初の機会が、
小さな別荘「LEMM HUT」のさらに小さな風呂小屋での宿泊ということになりました。

もちろん実感が湧きました。
そしてさらに、中村さんが建てたいろいろな建物を
巡ってみたいと思った出発点になったのです。

中村自身が休暇を過ごすこの小屋は、電線、電話線、上下水道管、ガス管など文明の「命綱」を断ち切った実験住宅。太陽光と風力で発電し、屋根の水を溜めて生活水として使い、炭火で調理する不自由な暮らしを愉しみながら、新しい住宅の可能性を探っている。

# MITANI HUT巡礼

僕たちにとっては特別な思いが、この「MITANI HUT」にはあります。
中村好文さんを初めて知ったのもこの建物で、
自分たちがガレージキットの店舗兼住宅をセルフビルドしたときに、
何度も何度も、文字通り穴があく程「MITANI HUT」の載っている本を見て、
平面図や立面図、室内の仕上げなどを真似した建物なのです。
そんな建物を訪問するのですから、僕たち夫婦は、平常心でいられるはずがありません。
渋く変色した真鍮のドアノブを握っては、「にやにや」と笑みがこぼれ、
外壁の仕上げを見ては惚れ惚れしてしまいました。
室内に通され、見覚えのあるチークのカウンターに立った三谷さんが
紅茶をいれながら「MITANI HUT」の話をしてくれました。

この最小限の暮らしを支える建物を依頼した三谷さんと、
その設計に情熱を持って取り組んだ建築家中村さん。
クライアントと建築家の幸福な関係をひしひしと感じ、学ぶことが出来ました。

僕たちの「MITANI HUT」に対する憧れの気持ちは三谷さんの生活そのものに
たいする憧れへもつながっているように感じます。
後日、真狩のガレージキットの小屋を訪れた三谷さんが部屋に入ってひとこと
『MITANI HUT』に似ているね」と言ってくれた言葉がうれしかった。

木工デザイナー、三谷龍二の小屋。もともとは物置小屋だった建物を一人暮らし用に増改築したもの。わずか八坪ほどの中に、台所、浴室、トイレを備え、来客を泊めるスペースまで確保した。小住宅以前の小屋は、人の住まいの原型を示唆しているというのが、中村の持論。

神一家、冬休みを利用して、中村好文建築を見学して回る「建築巡礼」を終えての感想

# 5
# 建物から中村さんの「肉声」を聴いたような気がしています

2010年1月20日
中村好文様

こんにちは。

無事、東京に戻れましたか？　真狩では中村さんに背丈を超える積雪を見てもらいましたが、怖じ気づいてはいませんか。冬のあいだ、僕たちはあの大雪と格闘しています。今度のパン小屋は大きな庇でお店のアプローチだけでなく、車も、薪も覆ってもらえるようなので、雪かきの手間はだいぶ軽減されそうなので大助かりです。

ところで、先週は、丸一日、建築案内していただき、ありがとうございました。中村さんの設計した建物を初めて、実際の目で見て触れることが出来て、とても刺激的な冬休みになりました。

愛媛の「伊丹十三記念館」[*1]から始まった僕たちの「中村好文建築巡礼」は、その後、「一六本舗」[*2]をめぐり、翌日は奈良へ移動してホテル「秋篠の森 ノワ・ラスール」[*3]で宿泊、暖炉の炎を眺めながらの夕食、中村さんもおすすめの卵型の木の浴槽での入浴と感動的な滞在でした。

＊1　愛媛県松山市にある、俳優・作家・映画監督・料理通……多彩な顔を持っていた伊丹十三の業績と人柄を多面的に紹介する記念館。焼杉板の外壁で覆われたシンプルな建物。中庭を囲む回廊がある修道院的な空間構成が特徴。
＊2　中村好文が設計した、愛媛県松山市の道後温泉本館の真向かいにある「一六タルト」の店舗。二階正面の大きな窓から由緒ある道後温泉本館が望める。

その翌日は、中村さんにご一緒していただき、千葉へ移動し、「上総の家」[*4]と「as it is」[*5]へ。最後は、おそば屋さん「石月」[*6]でのお酒を飲みながらの建築談義と、僕たち夫婦にとっては、まさに夢のような建築めぐりになりました。

今でも、大興奮は覚めやらず僕たちの話題はもっぱら「中村好文建築」のことばかり。「『一六本舗』にあったベンチが良かったねー」、「『ノワ・ラスール』の部屋の扉の色が気に入ってしまった」、「床板は『as it is』のように簡素な仕上げにしてもらいたい！」など細かな話題で尽きません。

そして、いつしか自分たちの新築するパン小屋への夢へとイメージがどんどん膨らんできます。

今回の「中村好文建築巡礼」では、建物自身から中村さんの「肉声」を聴いたような気がしています。

その声を聞いた僕たちは、深く納得し、信頼し、安心して帰ってきました。

でもその一方で、まだまだ自分たちの欲求を押さえきれずに、わがままなお願いもしてしまうかもしれません。

これからの、長い作業を通してそんなことも含めて勉強になるといいなと思っています。

旅行から戻ると除雪をしなかった一週間分の雪がいつも通りどっさりと積もっていました。実際にこの雪を見ていただいて、雪の処理についての打ち合わせが出来ればと思います。この時期、吹雪になることも多いのでお気をつけてお越しください。それでは、来週お待ちしています。

神幸紀

＊3　奈良の「くるみの木」の経営する一日二組限定のオーベルジュ風のプチホテル。もともとはペンションだった建物を中村がホテルに改修した。

＊4　千葉県長生郡の田園風景の中に切妻屋根の長方形の「住宅・1」と、片流れの屋根を載せた正方形の「住宅・2」が対の建物として建てられた。片流れの住宅は中村が二人の友人と共同で所有しており、別荘として使っている。

＊5　東京・目白で古道具店を営む坂田和實の個人美術館。ひび割れた土壁の外壁が特徴の納屋のような風情の建物。坂田さんの目で集められた日常生活や信仰のために用いられた古今東西の工芸品が、美しい自然光の漂う穏やかな空間に静かに展示されている。

＊6　中村がインテリアと家具をデザインした東京・丸の内の新丸ビル内にあるそば好きに人気のおそば屋。

納屋の梁の再利用のアイデアについて、中村が出張先のホテルから送ったイラスト入りの葉書

# 二本の梁を十字架のように組んで空中に架けわたし……

神幸紀さま 麻理さま

宿題になっていた解体した納屋の梁《はり》のことですが、窯場の屋根を支える梁にしようと思いますが、いかがでしょうか？

2本の梁を十字架のように組んで空中に架けわたし、チャペル風で静謐（せいひつ）な雰囲気をかもし出そうというアイデアです。このことで納屋の記憶が、新しい建物に（それも心臓部ともいうべき大切な場所に）いいかたちで継承されることになると思うのです。

アイデアに賛同いただければ、さっそく段取りいたします。

圧倒的な豪雪に対する建築的な対策についてと、
中央通路（パサージュ案）の提案に対する感想

# 5' 建物の真ん中を通路が通り抜けたことで、間取り《プラン》も、気持ちもスルリとほぐれました

2010年1月28日
神幸紀さま

真狩村から東京に戻ってみると穏やかな冬晴れのポカポカ陽気で、二日前まで雪に埋めつくされた白銀の世界にいたことがウソのようです。真狩村のお隣りは名だたるスキー場のニセコなのですから、雪の多いのはあたりまえですが、見ると聞くとでは大違い！　実際にその見上げるばかりの積雪量を目のあたりにして圧倒されました。

さて、先日、真狩でお会いしたのに、豪雪との格闘と「パサージュ（通り抜け通路）案」の話に終始し「好文建築巡礼（？）」の感想を聞きそびれてしまいました。冬休みにはぼくの設計した建物を五日間もかけて訪ね歩いてくれたこと、感謝しています。四国の松山から始まって、奈良、千葉、東京とその移動距離もさることながら、「個人記念館」「カフェ」「プチ・ホテル」「小美術館」「住宅」「別荘」「蕎麦屋」……と、建設地も、規模も、用途も、予算も、仕上げも、雰囲気もまったく異なるタイプの仕事を、数日間たて続

けに見学してくれたのは、あとにも先にも神さん夫妻だけだと思います。手紙の中で「建物自身から中村さんの『肉声』を聴いたような気がしています」と神さんは書いてくれましたが、お二人は、建物のテーマや表現はまちまちでも、その底辺に流れる建築の考え方、素材や色に対する好みと扱い方、細部への目配りとこだわり、それとなく仕掛けた遊び心などにもきっと気づいてくれたにちがいありません。今回の見学を通じて、深いところで共感していただければ、ぼくとしては、これからの仕事がとてもやりやすくなります。

ところで、話は変わりますが、今回、札幌でご覧いただいた中央通路のある「パサージュ案」は、パン窯部分の切妻屋根と、工房・店舗部分のフラットルーフ*の組み合わせですが、言うまでもなくフラットルーフは基本的には雪を載せたままにしておいて、雪降ろしの手間や、雪降ろししたあとの雪の処理の手間を減らそうという考え方です。構造的にはある程度の雪の重量には耐えられる強度にするつもりですが、積雪が一メートル二〇センチぐらいになったら、やはり、雪降ろしをしてもらったほうがいいだろうと、新貝さんと話しています（降り積もる雪はだんだん締まってくるので、一メートル二〇センチをどの段階で判断するのかは難しいのですが、一応の目安としてです）。このことを、あらかじめお伝えしておきます。

話を、雪の処理から「パサージュ案」に戻しますが、建物の真ん中を通路が通り抜けたことで、知恵の輪がスルリと解けるように、間取り《プラン》も、気持ちもほぐれたような気がしています。いま思えば、なぜ最初からそのことを自分で思いつかなかったのか？　不思議なくらいですが、これでやっと基本設計の最終案にすることができそうです。ここまでが予想外に手間取ってしまったので、これからは馬力を上げて実施設計に取りかかり、遅れを取り戻すつもりです。

＊　傾斜のない平らな屋根。雪国では屋根の雪降ろしも大変だが、降ろした雪の処理も大仕事になる。フラットルーフはある程度の量なら雪降ろしをせずにそのままにしておくことが出来るので、手間が大幅に軽減される。「無落雪屋根」ともいう。

次回の真狩村行きは、雪解け後に納屋の解体工事を終え、建物の最終的な位置出しをするときぐらいに考えていますが、場合によっては2月末または3月初旬にもう一度、打ち合わせに行くことになるかもしれません。予定がはっきりしたらご連絡します。

これから2月に向かい、真狩村はますます寒さが厳しくなることと思います。麻里さん、幸太朗君ともども、風邪など引かれませんよう、暖かくしてお過ごしください。

中村好文

中村が旅先のパリから送った、
フランスパンを抱えて走る男の子の写真の葉書

## パン屋さんって心身ともに人を元気にしてくれる仕事なんだなあと……

2010年2月5日

お元気ですか？「寒波」と聞いていたパリは穏やかな冬日が続き、思ったほど寒くありません。今朝は早起きして近所のパン屋さんにクロワッサンとバゲットを買いに行きました。まだ薄暗い中、お店から暖かい光と美味しそうなパンの匂いが道にもれて、とてもいい感じでした。パン屋さんって心身ともに人を元気にしてくれる仕事なんだなあと、しみじみ思いました。ところでこのポストカードは、神さんがパン職人の修業をしていたというムフタールのあたりを昨日散歩していて見つけたものです。買ったばかりのバゲットを小脇に抱えて走る子供はまるで幸太朗くんのよう。
あまりに「Boulangerie JIN」にピッタリの葉書なので、さっそくお送りすることにします。

中村好文

# 設計過程について

敷地内にあった納屋を改修する案から
カフェのある案、パサージュ案を経て
最終案に至った試行錯誤の軌跡

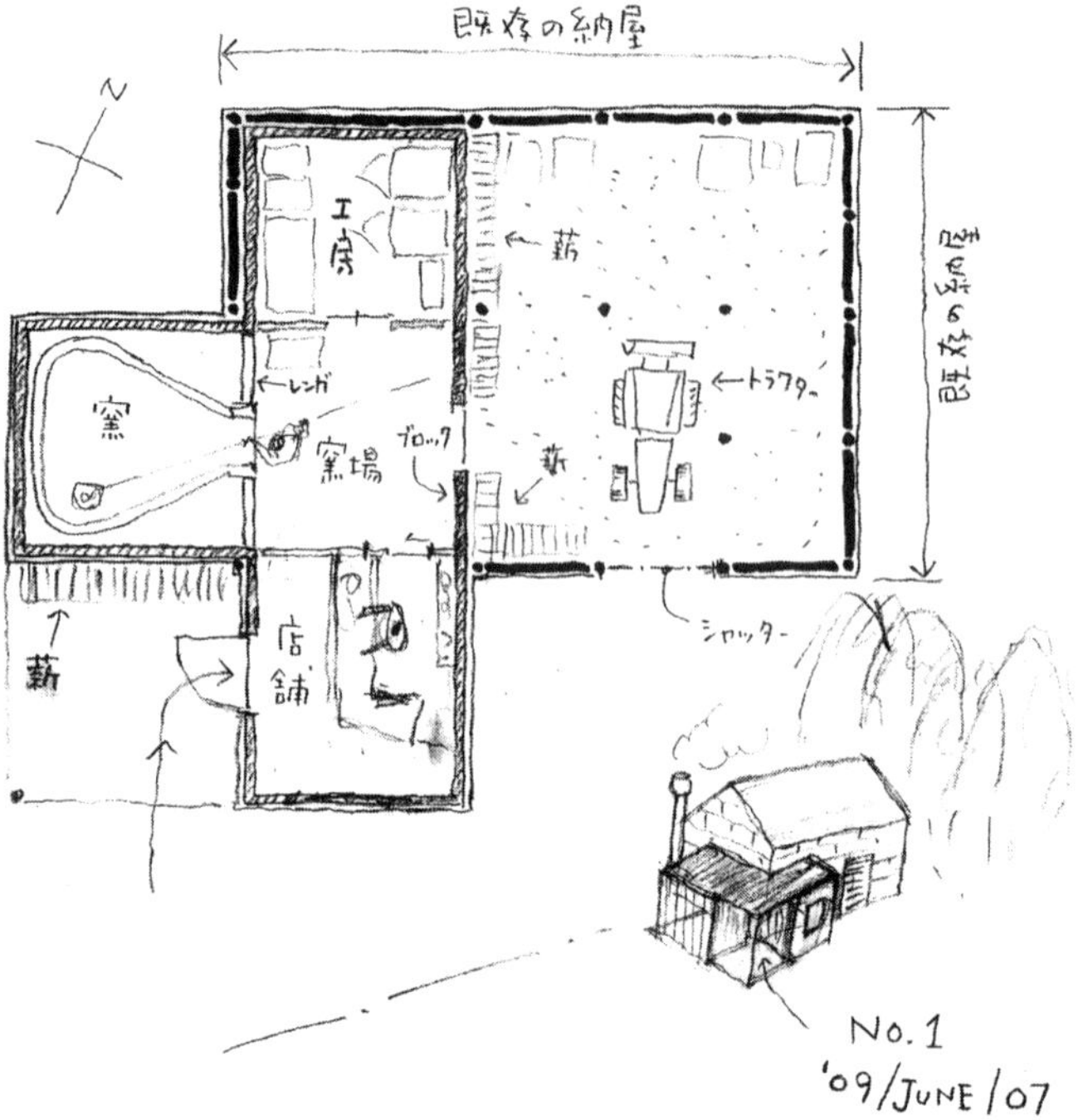


## 第1案
2009年 6月7日

2009年6月2～3日に初めて真狩村の「Boulangerie JIN（ブーランジェリー・ジン）」を訪れた際、敷地内にあった既存の納屋に心惹かれる。この案はその訪問直後に考えたもの。

新築ではなく改修工事にしようとしたのは、ローコストにするためという理由だけではなく、長年風雪に耐え、風景の一部となっている納屋がけなげな働き者に見え、あっさり壊すに忍びなかったため。

この第1案は、ざっくりとした感じをつかむための粗案。既存の建物の内部に、店舗、窯場、工房を縦一列におさめ、薪窯の部分だけを増築部分として凸型に外に飛び出させている。全体に面積が狭いこと、店裏のスペースがとれないこと、別棟で屋根付きのカーポートが必要なことなど、根本的な問題点が明らかになる。

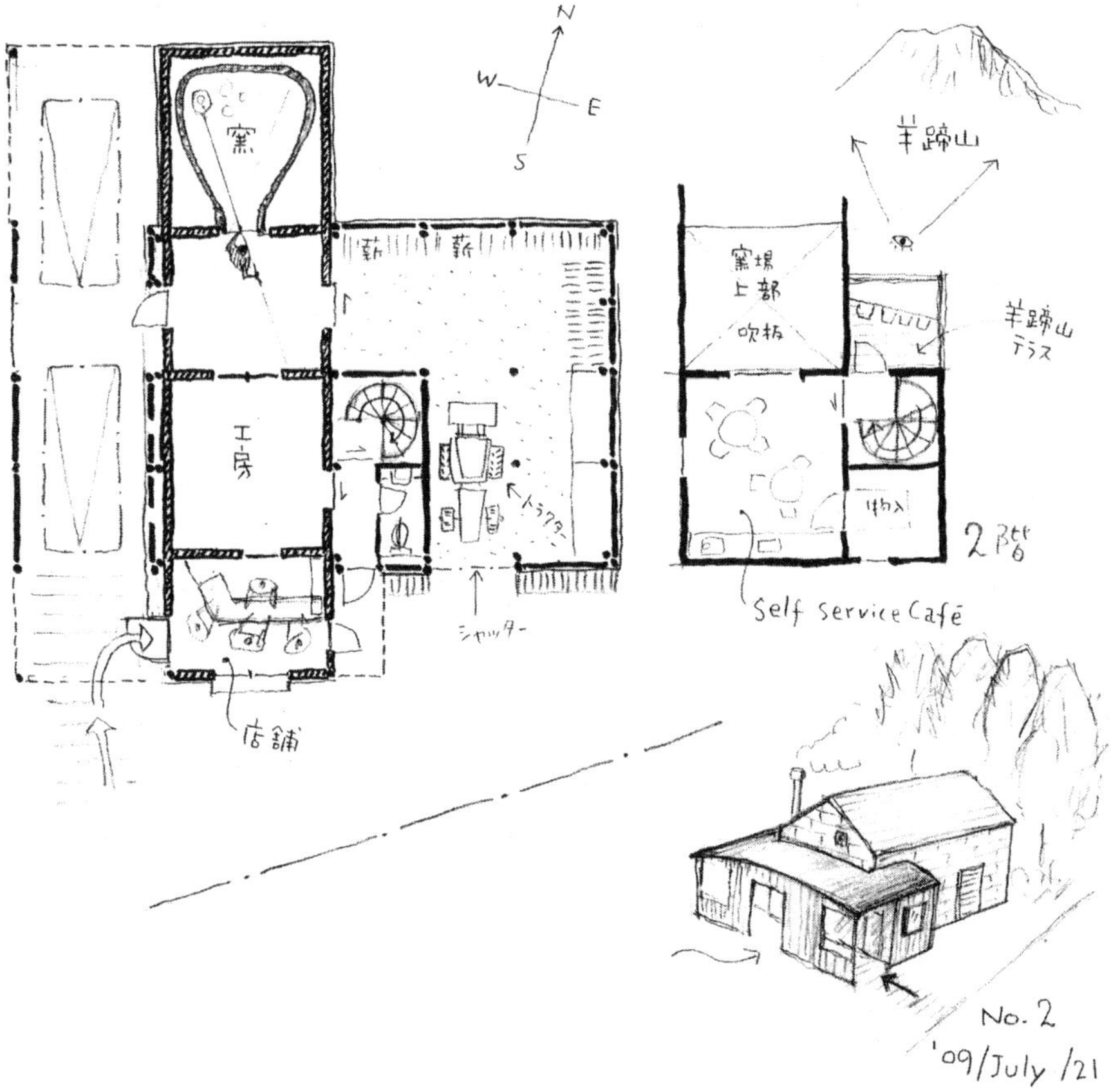


## 第2案
2009年 7月21日

店舗、工房、窯場、窯を縦一列に並べ、既存の納屋に差し込む第2案。

納屋の実測調査をした上で構造模型を作り、可能な限り既存の構造を生かす方針でプランをまとめている。店舗と窯は増築部分として既存の納屋を突き抜けて前後に飛び出させることで、必要面積を確保した。ほぼ二階分の高さのある納屋の空間を利用して、工房の二階にセルフサービスのカフェが設けてあり、パンを買ったお客さんは、吹き抜け越しに薪窯でパンを焼く様子を眺めながら、焼きたてのパンをほおばることができる。カフェの外には羊蹄山を眺めるテラスなどもある欲張った案。

2009年9月6日、この納屋改修案の図面と模型を真狩村に持参し、神さん夫妻に対して第一回目のプレゼンテーションをする。

## 第3案
2009年 9月16日

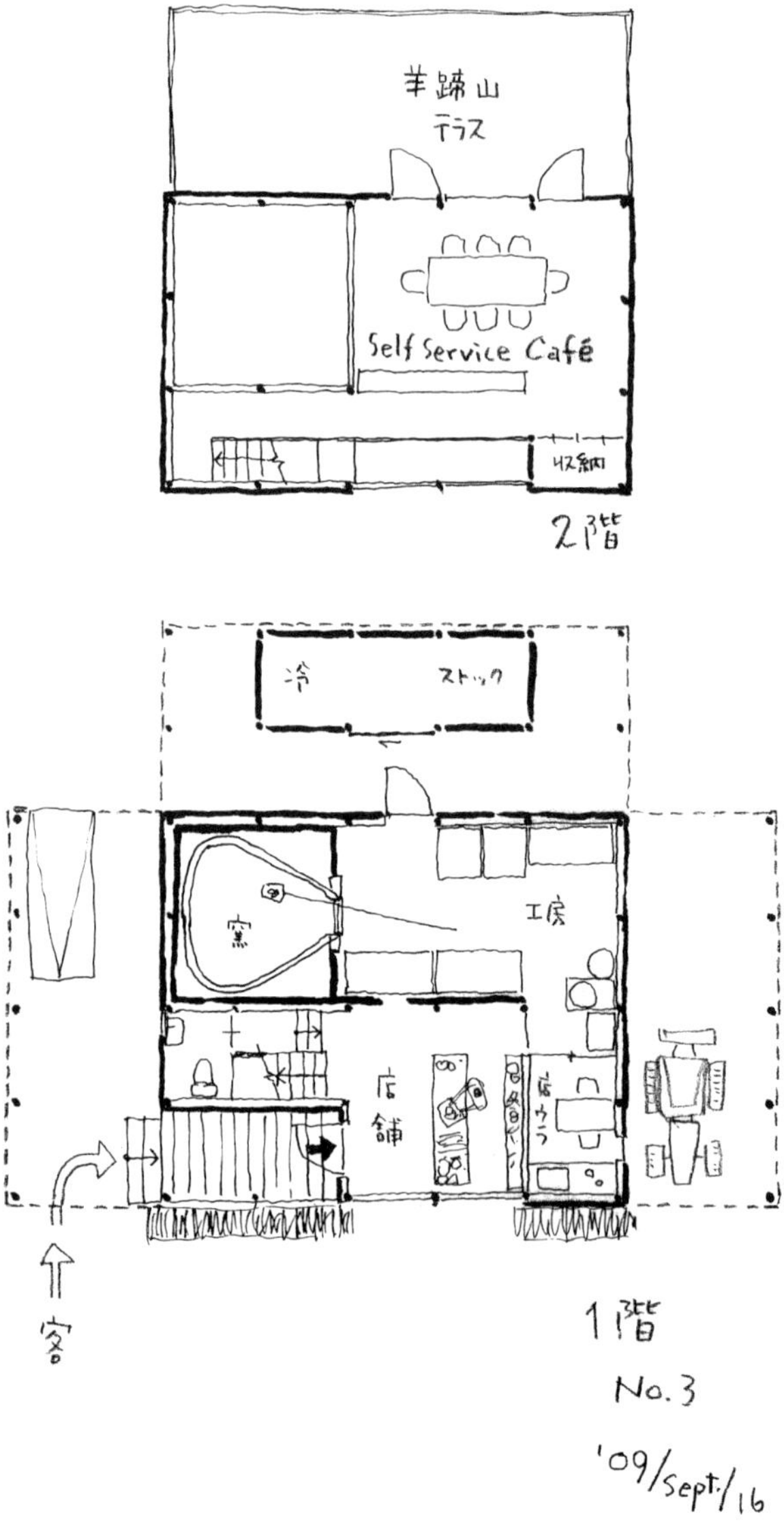


納屋を再利用する第3案作成。既存の納屋の柱の外側に新たに基礎を設け、その上に土台を敷き、添え柱を建てて納屋をスッポリ覆う案。納屋の利用だけでは工房の面積が足りないことがわかり、外部に大型冷蔵庫とストック用の小屋を新築し、その上をテラスにしている。

納屋の外側にもう一つ建物を作ることになること、二階のカフェもテラスも広すぎることなど、工事費の増加が大いに気がかりな案。

# 第4案
2009年10月19日

納屋の本体を残しつつローコストで凍結深度に対応する基礎を設ける方法が見つからなかったため、改修をあきらめ、一八〇度方向を切り換えて新築する方針にした案。

横一列に並べた店舗、店裏のスペース、工房のゾーンと、窯場と窯のスペースを並列して配置している。窯場は熱気がこもるためほぼ二層分の吹き抜けにしてあり、その高さを利用して窯の上部に小部屋（ロフト）を設けることができた。ただこの場所は、第2案のような客用のセルフサービスのカフェではなく、夫妻の休憩室、あるいは予備室として使えるようにした（お客さんに焼きたてのパンを食べてもらいたい気持ちはあるが、現実的には、二人とも働きづめで仕事をしていて、カフェまで目が届かないだろう……という判断から）。

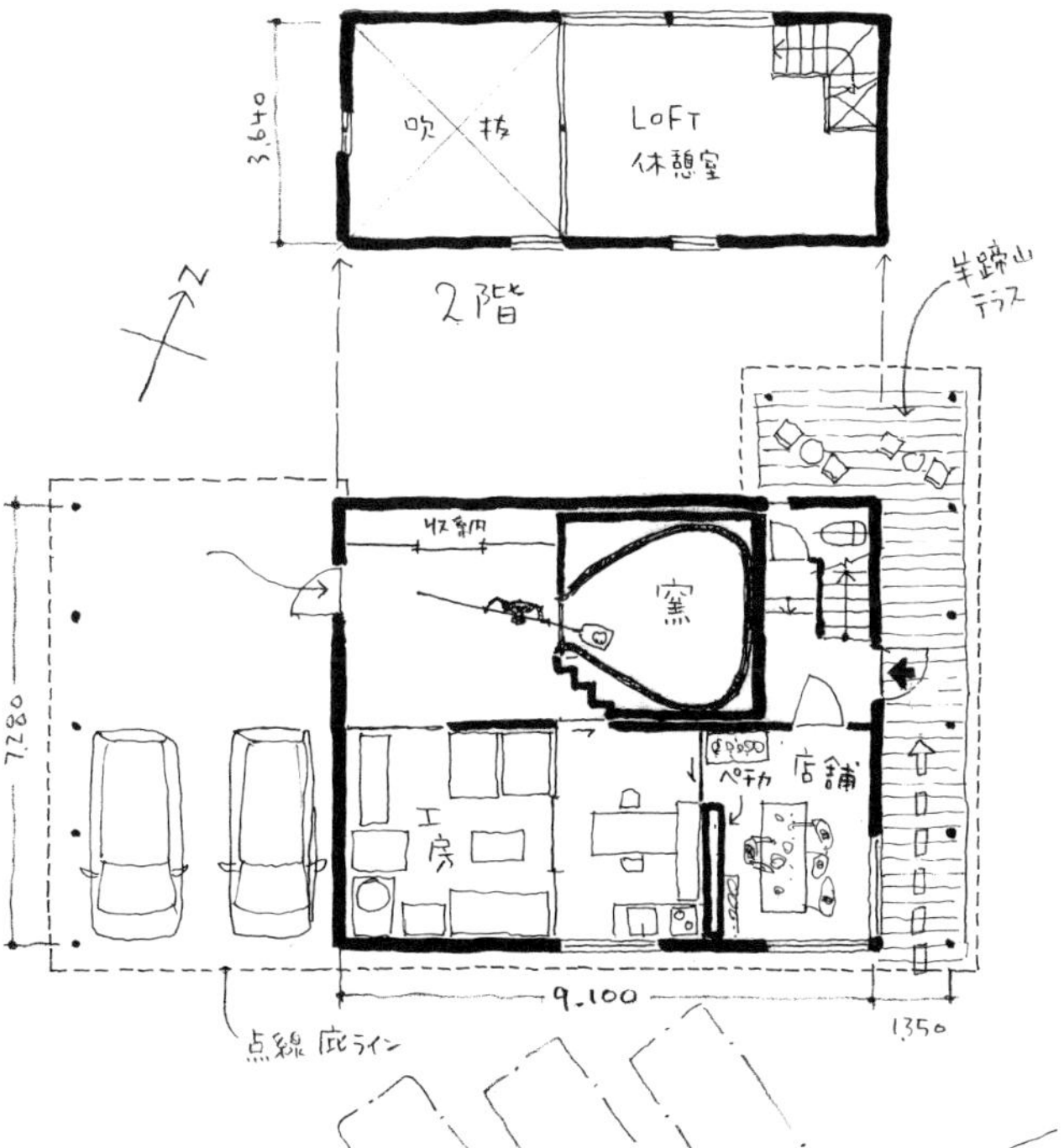


また、この案では、窯の本体とロフトの床下空間にたまる熱気（窯の排熱）を利用して店舗スペースをペチカで暖房する方法を探っている。

建物西側の広い軒庇の下はカーポート。建物東側の軒庇に覆われた場所は、買い物客のアプローチ通路と混雑時の待機場所になっている。アプローチの突き当たりに羊蹄山を眺める屋外テラスがあり、パンを買ったら、ここで焼きたてのパンを食べることができる。

## 第5案
2009年 10月21日

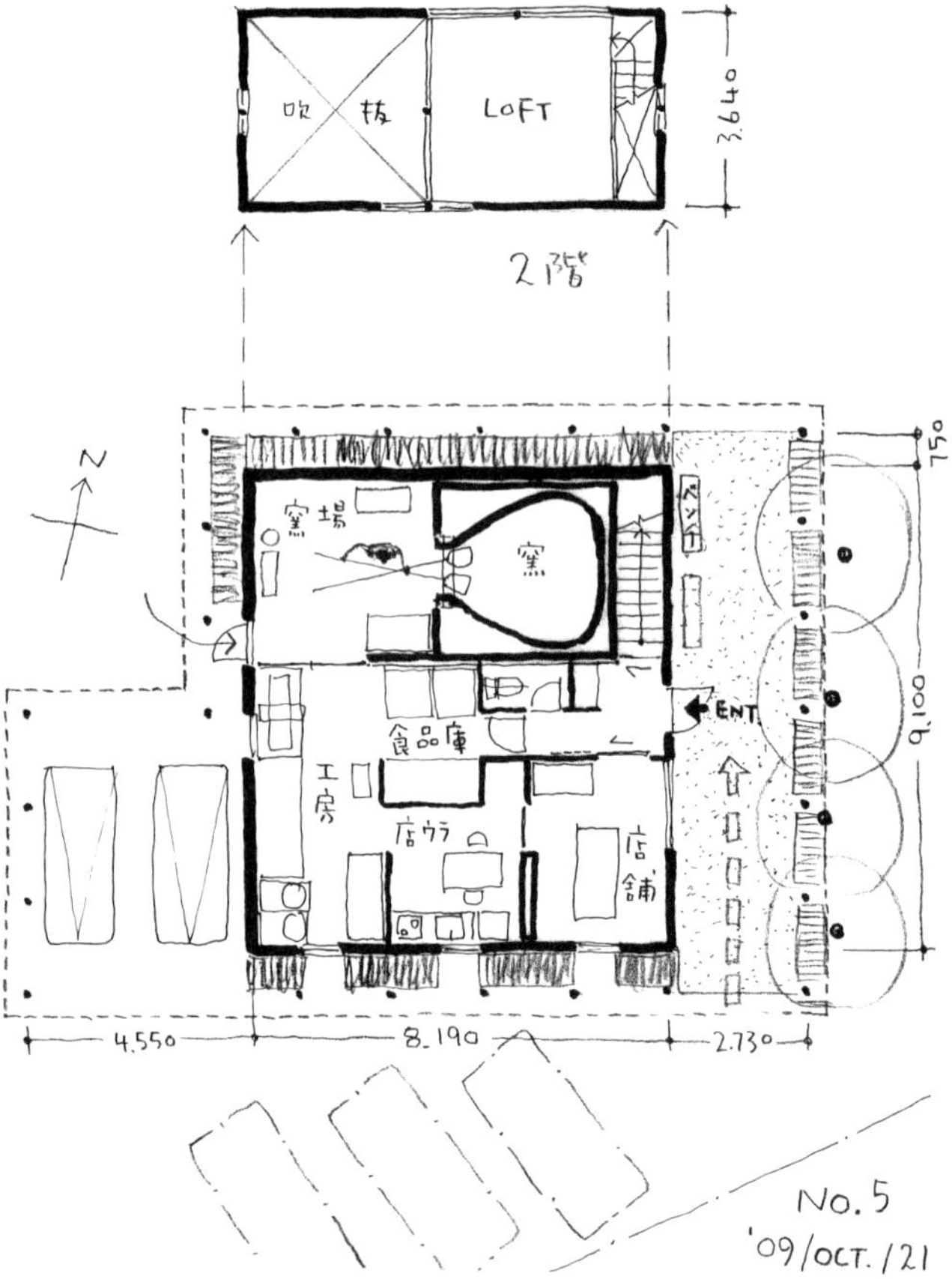


前案（第4案）では、工房、店裏、の面積がやや手狭なこと、食品庫が不足していること、住宅側の裏口と、店裏のスペースを結ぶ動線が窯場を斜めに横切ることになり、パン焼きの仕事に集中できないことなどの問題点があった。これらを改良したのが第5案。二階は前案と同じくロフトがあるが、この案では、ふたたび将来カフェになりうる可能性を残したプランになっている。

前案同様、建物西側に車二台を並べて駐車できる大きな軒庇に覆われたカーポート、建物東側は前案よりさらに幅の広い軒下アプローチ。入り口ドアより先の軒下に順番待ちのウェイティング・ベンチが設えてある。

# 第6案
2009年 12月7日

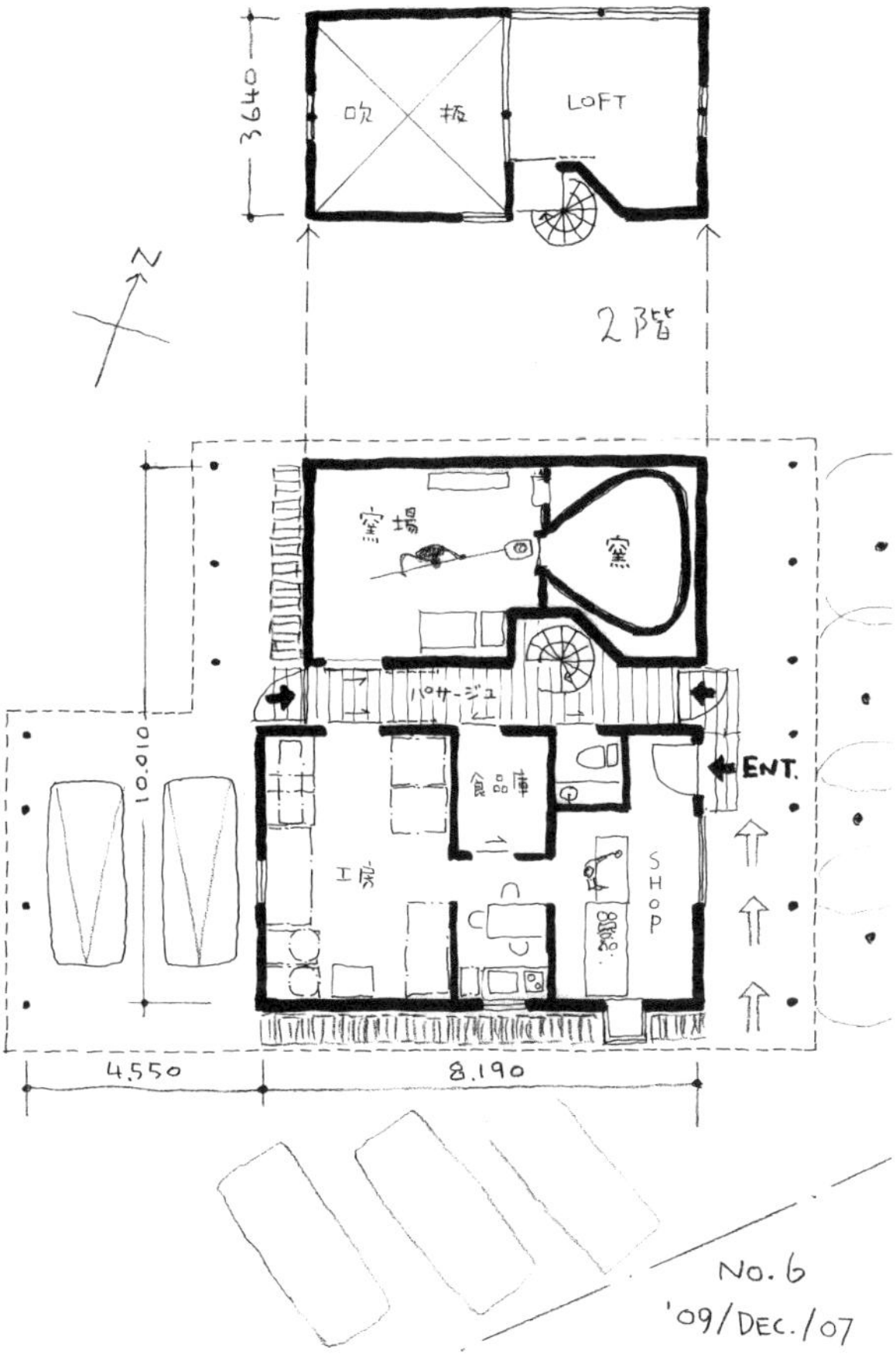


この案のいちばん大きな特徴は、店舗、店裏、工房のゾーンと、窯場と窯のゾーンのあいだにパサージュ（通り抜け通路）を設けたこと。前案を見て、神さんがふと漏らした「二つのゾーンが隣り合わせでなく、あいだに廊下のような緩衝地帯があったらいいですね……」という言葉をそのままプランに取り入れたもの。同様の希望は、ごく初期の手紙にも「工房と窯場は一体ですが、何かちょっとした気持ちの切り替えの間があったらいいなと思います」とあったものだが、うっかり失念していたもの。

パサージュが通ったことで、プランは文字通り「風通し」よく、明快になったように思う。パサージュに変化をもたせるため途中をふくらませ、螺旋階段を設けてロフトへの動線としている。ロフトは将来カフェとして使用するアイデアを捨て、来客用の寝室として使用することに決定。

## 第7案（最終案）

2010年 2月10日

二つのゾーンがパサージュによってはっきり分断され、窯場が、慌ただしい時間の流れる店舗や工房から孤立し、パン焼きに集中できる静かな場所になった。さらに、古い納屋の梁を十字架に組んで窯場の屋根を支えたことで、室内にはチャペル的な雰囲気も漂うことになった。このことで、神さんの言葉を借りれば「自分とも、パンとも静かに向き合える空間」の実現に一歩近づいたことになる。最終案に近づいてくると、具体的なアイデアも次々に湧いてくる。

この案では、第4案から検討していたペチカによる暖房ではなく、窯とロフトの間にたまる熱気を換気扇で店舗の床下に送り込んで床暖房する仕組みを考えている。

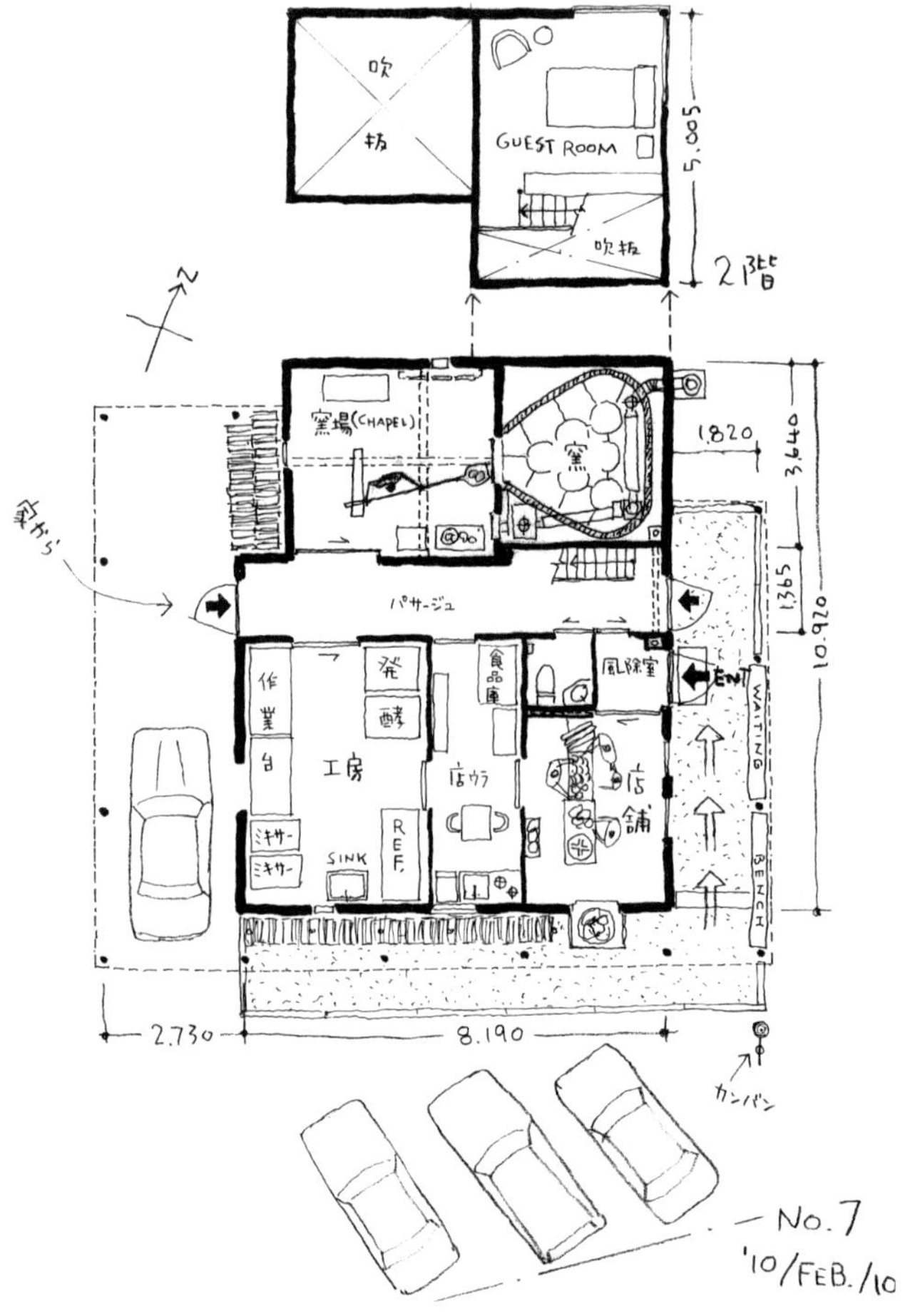

新貝と私は、ほぼ最終段階の図面と模型を持参して真狩村を訪れる。幸太朗くんが興味しんしんで、上から、下から、斜めから食い入るように模型に見入っている。

右ページ／上右・2010年7月4日、上棟式当日。骨組みの組み上がった建物を見ながら、大きさ、高さのチェックをする。
上左・青空をバックに古い納屋の梁を再利用した十字架梁が空中に浮かぶ。梁は心配したほど無骨ではなく、まずまずのできばえにひとまず安堵する。
下・天窓の位置と大きさをチェックするため現場に持ち込まれた窯場の模型。
左ページ／柱梁の組み上がった窯場部分。古い納屋の屋根勾配を踏襲することで、納屋の記憶と面影を留めるよう努めた。

右ページ／しずしずと神主さんの登場。

左ページ／上・祭壇にお供え餅を飾る上棟式のしきたりに従って、お供えパンが飾られた。

下右・神妙な面持ちの神夫妻と好文組の印袢纏を着て列席する私。うしろは工事関係者の面々。

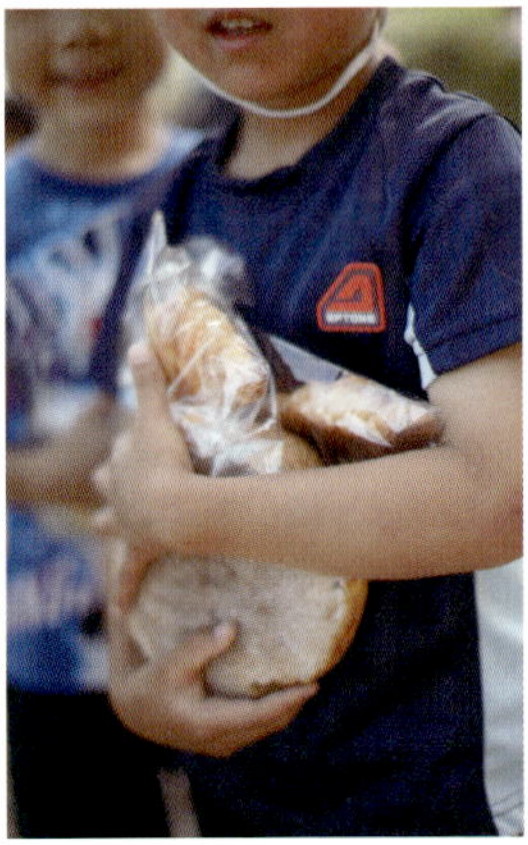

右ページ／上・神主さんが祝詞をあげる中、幸太朗くんの保育園の仲間たちもスクールバスで駆けつけた。
下・餅撒きならぬパン撒きの収穫物。パンだけでなく焼き菓子もたくさん撒かれた。
左ページ／集まってくれたたくさんの村人たちに向かって、高々とパンを撒く神さん夫妻。

上・8月26日→29日、レミングハウススタッフおよび友人ら総勢18人が真狩村に集結し、セルフビルドの工事に従事する。
8月26日、レミングハウスの支援部隊が到着し、さっそく作業に取りかかる。珪藻土を塗る左官部隊はプロの左官屋さんから事前の指導を受ける。
下右・ツリーハウス部隊はまずラフな図面で作業の段取りを検討。
下左・神さんが腕を振るうランチは超豪華版。この日は美味しいパンをふんだんに使った特製のサンドウィッチ。暑い盛りの工事なので、ビールも振る舞われる。

右ページ／上・塗装部隊は外壁に群がって仕事に熱中する。こういう状態で作業して能率がいいんだか、悪いんだか……。よくわかりません。
下・自然塗料は塗りつぶすのではなく、塗料を擦り込み、木目が浮き出るように仕上げている。
左ページ／飛び交う冗談、お喋りと笑い、仕事は和気あいあいと快調に進んでいく。

右ページ／自宅作りで工事経験のある神さんは、左官が上手。天井面を塗るときも臆することなく、躊躇することなく、グイグイ、塗っていく。
左ページ／上右・ほぼ塗り上がった窯場の壁と天井。平滑に仕上がっていないことで、味わいのあるテクスチュアが生まれた。水彩画用のアルシュ紙のような魅力的な風合いである。
上左、下・養生紙で包まれた室内はサウナ室のような湿度と温度である。作業班も次第に無口になっていく。

右ページ／ツリーハウスは幸太朗くんからの注文で作ることになったもの。幸太朗くんは私のクライアントの中で最年少のクライアントということになる。ツリーハウスを作る木を選んだのもその幸太朗くん。「ナカムラさん、あの木がいいな」と言われ、その木に作ることになった。私の家具を作ってくれている北海道在住の家具職人の奥田さんが飛び入りでこのツリーハウス班に参加してくれたおかげで、めざましいスピードで作業を進めることができた。
左ページ／ 2日かかってやっと外壁が出来上がり、これから屋根に取りかかるところ。

上・外壁が大体塗り上がったところ。切妻屋根を載せた窯場の板金工事も窯場の外壁もあと一息で葺き上がる。
下・ハシゴの塗装を残して、完成したツリーハウス。

◉2月10日／基本設計の最終案（第7案）作成。

◉2月18日／中村、新貝、最終案の図面と模型を持って真狩村を訪問。最終案の説明をする。神から「では、この案でお願いします！」のひとことで、基本設計はこれにて一件落着。

◉4月20日→21日／納屋の解体。四十数年間存在していた建物がたった二日間でかき消える。納屋の二階床と屋根を支えていた五本の梁は解体の跡地に置かれる。

◉4月22日／更地となった場所に新築する建物の仮の位置出し。


解体終了の報告と納屋の来歴について。

敷地に生える蝦夷松をどうするか中村の意見を聞く

# 6 古い梁が、納屋と新しい建物をつなぐバトンの役割を果たしてくれるんじゃないかと思えてきたのです……

2010年4月22日
中村好文様

こんにちは。先週、古い納屋の解体を無事終えました。

今回の解体は、地主さんみずから指揮を執り、細かな指示のもと、中村さんが「使いたい」と言っていた古い梁を五本、無傷のまま取り外すことが出来ました。

古い納屋が解体され、すっきりと広がった土地に、太さも形もバラバラの梁が五本、横たわっています。この古い納屋の歴史についてだれかれとなく質問してみると、近所の農家のおじさんから答えが返ってきました。

ここから少し離れた所に建っていただれも住む人のいなくなった小屋を解体してこの場所に建て直したのが四十年程前のことで、取り外した梁はこのあたりに生えていたタモの木を大工さんが切り倒し手作業で製材したものだそうです。近所のみんなで建てるのを手伝ったと昔を思い出しながら語ってくれました。

そんなふうに長い間この土地の風景の一部となっていた納屋が取り壊され、無くなると、見慣れた風景がずいぶんあっけなく変わってしまうものだなと感じています。

そして、そうなってみると、取り外した梁がとても大切なもののように思えてきました。現場に横たわっている古い梁が、納屋と新しい建物をつなぐバトンの役割を果たしてくれるんじゃないかと思えてきたのです。

さて、納屋の取り壊しも終えましたので、予定通りゴールデンウィーク明けに地鎮祭[*1]を執り行おうと思っています。初めてのことなので、さっそく神主さんに連絡し、日程やお供え物、用意しなければいけないものを教えてもらっています。詳しい予定が決まりましたら、またご連絡いたします。

それから、土地に関する相談ごとが一つあります。敷地の隅に並んでいる蝦夷松が六本あります。地主さんが「工事のついでに切るなら切ってあげるよ」と言ってくれていますが、どう返事をすれば良いですか？　僕たちはできることなら、これ以上風景が変わることを望んでいませんので、切らずに残したいなと思っています。工事の邪魔になるようで

＊1　家を建てる前に、その土地の神様に挨拶をし、無事に工事が運ぶことをお願いする神道の儀式。

したら仕方ありませんが。この件は、早めにご指示お願いいたします。
そして、びくびくと密かに恐れていた、工務店からの見積もりもでました。予算内でほっとひと安心していますが、今までふわふわと夢見心地で進んでいた設計打ち合わせから一転、現実へと引き戻され、借金へ向けての細かな算段をしていかなければなりません。僕たちクライアントにとっての大いちばんはこの資金問題なんじゃないかと思ってしまいます。地鎮祭、工務店との工事契約、銀行との借り入れ契約、ばたばたとやらなければならないことが押し寄せてきますね。
この次、中村さんと現場でお会いできるのはいつ頃でしょうか、いつもとても楽しい建築話が聞けるのが、僕たちの大きな楽しみになっています。

真狩はようやく残雪もなくなり春の気配です。いよいよ工事のスタートですね。

神幸紀

●**4月27日**／中村、新貝、真狩村を訪れ、仮の縄張り[*2]を参考にしつつ建物の正確な位置と向きを決める。いつもながら縄張りの状態では建物が小さく見える。とくに薪窯を据える窯場がいかにも手狭に思え、一瞬不安を覚えるが、隣に建っている現役で稼働中の薪窯の小屋のサイズと比較してみて「なんとか、大丈夫そうだ」と胸をなで下ろす。

＊2　実際に建物がたつ敷地に、設計図の配置にしたがって部屋などのスペースを縄やひもを張って表す。角々には地杭を打ち、大矩などで垂直を出す。地鎮祭のあとに行われる、木造建築ならではの過程。

六本の蝦夷松はすべてぜひ残しておきたいという返事と
地鎮祭欠席の連絡

# 6' あとは融資が受けられれば、完成に向けていよいよ出航です

2010年4月30日
神幸紀さま

先日はありがとうございました。建物の位置も決まったのでひと安心です。あの向きなら二階のゲストルームの窓から羊蹄山がよく見えると思います。

昨日からゴールデンウィークが始まりました。都内の道路は車も少ないし、電車も空いていて拍子抜けするぐらい。東京の自動車の数と人口が、いつもこれぐらいの密度ならいいのにと思いつつ、今日は井の頭公園の近所で始まる住宅の敷地を下見してきました。

さて、納屋の解体が無事終わり、お願いしてあった梁を無傷で外すことができたので、先日、葉書でお知らせしたようにパン窯の上部の空中に浮かぶ十字架梁の実現に一歩近づいたことになります。

お手紙にもありましたが、見慣れた建物が解体されたあとの土地はどことなく「抜け殻的」な空虚さと寂寥感が漂うものです。その更地《さらち》に横たわる古い梁を、神さんはリレーのバトンに見立てましたが、そのくだりを読んだとたんに、「なるほど！」と、思わず膝を打ちました。ぼくは視覚的な人間ですから、長い年月、走り続けてきて疲労困憊した納屋

が、走り出したくてうずうずしている新しい建物にバトンを渡すシーンを思わずまぶたに浮かべたのです。

ここからは、おたずねの敷地際にある防風林の蝦夷松についてです。

新貝さんの車で、最初にそちらにうかがったとき、道に迷ってしまってなかなか辿りつけなかったのですが、広々とした風景の中にそびえ立つ蝦夷松の列が目に入り、その蝦夷松に抱かれるようにして古びた納屋があるのを見つけたとき、「あ、あれだ！」と思わず声を出したことを憶えています。そして、思った通りそこが神さんの家でした。ひと群《むら》の蝦夷松が風景の中でサインの役割を見事に果たしてくれていたと言っても良いかもしれません。別の言い方をすると、風景の中に人の暮らしの温もりが暗示されていたことになるのです……と、ここまで書けば、もうお察しいただけますよね。ぼくとしてはあの六本の蝦夷松はぜひとも残したい、いや、ぜひとも残すべきだと思ってます。

最後に見積りの話ですが、びくびくしていたのは、じつは、ぼくも同じで、「おそらく予算は大幅にオーバーするだろうから、その時はどうしたものだろう？　質素な仕様で、もうこれ以上切り詰めるところはないし……」と腕を組み、天井を睨んではため息をついていたところでした。というわけで、Y工務店と担当者の道塚さんの太っ腹の見積もりに、感謝しています。あとは融資が受けられれば、完成に向けていよいよ本格的に出航です。銀行との相談が首尾よくまとまりますよう、心より祈っています。

では、融資の朗報を首を長くしてお待ちしています。

麻里さんと幸太朗君によろしく。

中村好文

追伸
先日もちょっと話しましたが、申しわけありませんが、地鎮祭のほうは欠席させていただきます（交通費＋宿泊費は現場監理のほうに回したいので）。新貝さんと道塚さんには出席してもらいますので、よろしくお願いします。

●**5月15日→25日**／浄化槽設置について、法律の解釈を巡って役所と意見が対立し紛糾する。何度も役所の担当官と協議した結果、既存の建物と新築する建物は用途上不可分のものとし、浄化槽一基を据えることで一件落着する。
●**5月27日**／地鎮祭が行われる。地鎮祭に列席できなかった中村に、新貝から三方*の上に「一升餅」ではなく「一升パン」がお供え物として載せられている写真がメールで送られてくる。

＊ 神事の際に、お供え物を載せるのに用いられる木製の台。ふつうは重ね餅をこの三方にお供えするのだが、神はパンを餅に見立ててお供えした。

出版されたばかりの中村の著書へのやや興奮が隠せない感想と、その本に刺激を受けて、新たな要望が出てきたことを伝える手紙

# 7 パン小屋の外壁の色、内装の色を好みの色にして、店としての格好よさを出したいなと……

2010年6月2日
中村好文様

こんにちは。

浄化槽問題では役所と法律の解釈をめぐって厄介なやりとりがありましたが、今日、無事に着工しました。三、四カ月の工事中に面倒なトラブルが起こらず、工事が順調に、快調に進むことを願っています。

ところで、きのう、中村さんの書いた本『普通の住宅、普通の別荘』を書店で見つけ、買って読みました。

おかげで、久しぶりに心が充実した楽しい休日を過ごすことが出来ました。そして、その本を一気に読み終え、興奮冷めやらぬままこの手紙を書いています。

本の内容に「すごいなー」とただただ感心する気持ちと、せっかく今、僕たちは中村さんに設計を依頼しているのだから、「もっと積極的に関わっていきたい！」、そして、そん

な作業を通じて「中村さんから何かを学びたい！」と思う気持ちも強く湧き上がってきました。

今の僕たちの考える、やってみたい方向やこうしたいと思う気持ちをぶつけて、身をもって学ばなければと、なぜか本を読み終えたあと、感じてしまいました。

本の中で紹介されている彫刻家の五十嵐威暢[*1]さんのアトリエと住宅にとくに心惹きつけられました。暮らしの場と仕事の場が程よい距離で保たれている所、外観にもその違いが現れている様子など。

それを自分たちの住宅とパン小屋に当てはめてみて、そんな関係もいいなーと思いました。具体的には、新築のパン小屋の外壁の色、内装の色を好みの色にして、店としての格好よさを出したいなと思いました。（少しだけよそ行きの雰囲気？）

店舗部分の扉だけペイントしたいとも思っています。グレーベージュや薄いネイビーなどを考えていますがどうでしょうか？　それと、本にも出ていた真鍮[*2]のドアノブやオリーブ型[*3]の蝶番なども使いたいと思いました。

以前写真で見ていただいた、「蔦の絡まった窓のある店」のような雰囲気のよい店の入り口になると良いなとも思っています。

いろいろな具体的な希望、要望がいっぱい溢れ出てきました。次にお会いできる7月4日の上棟式[*4]のときに相談に乗っていただければと思っています。

それでは、来月の上棟式、初夏の真狩でお待ちしています。

神幸紀

＊1　彫刻家の五十嵐威暢氏のために中村が設計した湘南・秋谷にある住宅とアトリエ。『普通の住宅、普通の別荘』（TOTO出版）に「カッコのいい住宅はいらないから、中村に依頼した……」という愉快なエピソードが出てくる。

＊2　同じく『普通の住宅、普通の別荘』の「MITANI HUT」の玄関ドアの写真に載っている真鍮製のドアノブ。時間の経過と手摺れで美しい風合いを醸し出している。

＊3　楕円型の愛らしい形が好きで、中村が多用する真鍮製の蝶番。

＊4　建物のいちばん上の梁にあたる棟木が無事に組み上がったことを祝うとともに、その後の工事の安全を願って行われる儀式。近所の人を招き、本来はお餅やおひねりを撒くが、ここではパンや焼き菓子を撒いて、皆で上棟の喜びを分かち合った。

読後の感想の礼を述べつつ、
神夫妻の興奮とはやる気持ちをやんわり抑える手紙

# 7 色決めの楽しみはあわてないで、もう少し先までとっておきましょう

2010年6月10日

神幸紀さま

こんにちは。

さっそく『普通の住宅、普通の別荘』をお買い上げいただいた上、ていねいに読んでくださり、ありがとうございます。初めての自分の設計した住宅と別荘の本になりましたが、いわゆる建築カメラマンの撮った端正な写真と、美しい図面で構成した建築家好みの作品集ではなく、住み手の人柄と気配の感じられる生活感のある本にしたいと考えました。カメラマンの雨宮さんがそのあたりの意図をよく理解してくれて、家の外部も内部も小綺麗に片づけたりせず、あるがまま、ありのままに撮ってくれて、あのような「普通の本」になりました。

さて、お二人はその雨宮さんの写真もすみずみまでじっくり眺めてくれたようですね。五十嵐威暢さんの住まいとアトリエの関係に着目してくれたり、真鍮のドアノブやオリー

ブナックルの蝶番に気づいてくれたり、そんなところまでよくぞ見てくれたものだと感心しています。

お手紙にあった外壁の色や、お店のドアの色については、工事がもう少し進み、建物の様子がわかるようになった時点で、あらためて相談しながら決めていきたいと思ってます。いずれにしろ、神さんのお店にふさわしい色調（トーン）にしたいので、色決めの楽しみはあわてないで、もう少し先までとっておきましょう。

工事が始まり、基礎工事も予定通り進んでいるようです。基礎工事は水鳥の水掻きのようでテマヒマかかるわりに、目ざましい変化は見られませんが、気長に見守っていてください。

取り急ぎ。

中村好文

◉**6月20日**／新貝より木製サッシの材種と仕上げの色のサンプルが届く。材種はホワイトアッシュとし、塗装するのではなく燻煙処理（木材を煙で燻して強度を増し、腐りにくくする手法）することに決める。

上棟式を間近に控え、十字架梁がしっくりおさまってくれるか心配しつつ、「餅撒きの代わりにパン撒きをしましょう」と提案する

# 8 肝心の上棟式のことですが、「餅撒き」ならぬ「パン撒き」をしていただきたい

2010年6月30日
神幸紀さま

こんにちは。

来週はいよいよ上棟ですね。現場監督の道塚さんの手際の良い段取りのおかげで、着工からここまで来るのがずいぶん早かったように思います。

上棟というのは工事の一つの節目ですが、じつは、設計側にとっても大きな節目（というより「関所」と呼んだ方が良いかもしれません）です……というのは、図面と模型の上で考えてきた建物がこの段階で初めて現実的な形態とサイズでその姿を現すからです。建物はあたりの風景にしっくり溶け込んでくれたか？　建物は大きすぎなかったか？　内部空間は心地良さそうか？　動線はよどみなくつながっているか……などなど。その結果が上棟の段階ではっきり出るのですから（クライアントにそのようなそぶりは見せられませんけど……）、じつは、内心ビクビクものです。

ここで白状しますと、今回のぼくのいちばんの気がかりは、パン窯の部屋の屋根を支えるために十字に組んだ丸太の梁の太さでした。もともと、古い納屋の梁を十字架に見立てて再利用するアイデアは、神さんから最初にもらった手紙にあった「パンを窯に入れるとき、昔の職人は十字を切り、祈りを捧げていた」という言葉に感銘を受け、ヒントを得たものですが、納屋を解体して丸太梁を降ろしてみると、それが思っていたよりずっと野太くて、ヘタするとよくある民家改修のように、これ見よがしな梁になりかねないしろものでした。納屋の記憶を残したい気持ちと、窯に祈りを捧げる気持ちを組み合わせた十字架なのですから、あくまでも象徴的な存在であって欲しく、「どうだ、立派な梁だろう！」とこれ自慢げな感じに見えては困るのです。このことに関しては「そうならないように……」今は、それこそ祈るような気持ちです。

ところで、肝心の上棟式のことですが、せっかくですから「餅撒き」ならぬ「パン撒き」をしていただきたいと思います。地主さんはもちろん、近所の畑で働くおじさんおばさん、それに幸太朗くんの保育園の友だちなどにも声をかけていただき、新しいパン小屋のできる喜びを真狩村の人たちと分かち合う愉快なイヴェントにできたらいいなと考えています。

ぼくは、当日の朝、新千歳空港で新貝さんの車に拾ってもらって、お昼前には現場に到着する予定です。カメラマンの雨宮さんは、前日に空港でレンタカーを借りて一足先に真狩村入りするとのこと。家具の奥田さん*も伊達から駆けつけてくれます。

では、当日を楽しみに。

中村好文

追伸――通常、上棟式には日本酒に「祝上棟」の熨斗《のし》をつけてお供えするのですが、「パ

＊　北海道伊達市在住の家具職人、奥田忠彦のこと。長年、中村のデザインする家具を作り続けている中村が信頼を寄せる木工家。「Boulangerie JIN」の家具や小物の製作を担当。

ン撒き」なら、シャンパンなんかも似合いそうですね。どちらが良いかご指示いただけば、こちらから用意していきます。

◉**7月4日**／初夏の晴天に恵まれた上棟式。地主のI氏をはじめ、中村、新貝、奥田らが出席。神主による型どおりの儀式の始まるころから、村人や保育園の園児たちが続々と集まってきて、祝詞奏上その他の神事を見学。その後、この日のメインイヴェントの「パン撒き」が行われる。

上棟式に来てもらったお礼と初めて執り行ったパン撒きの感想。

# 8'

## 柱が立ち、梁が取り付けられ、屋根の三角形が現れたとき、僕らはとても安心しました

2010年7月6日
中村好文様

おとといは上棟式にお越しいただき、ありがとうございました。

近所のおじさんおばさんも、幸太朗の保育所の友だちも皆楽しんでくれたようです。僕たちも準備が大変でしたが、やっぱり盛大にパン撒きをやってよかったなと思います。上棟式の日は、朝からせっせとパンを焼き、友人に焼き菓子もお願いし、結局段ボール箱五個ぶんのパンを用意しました。

これほどたくさん用意したのには理由がありまして、「近所の人たちや子供たちも呼んで上棟式にパン撒きをするんだ」と友人に話をしたところ、「おじさんおばさんたちは本気を出して、大人も子供も関係なくパンを拾うのに夢中になるよ」なんてアドバイスされたので、「保育所の子供たちはおとなしい子も多いし、おじさんたちの迫力に驚いてぼーっとしているうちに拾えずじまい、なんてことになっては、こちらとしても申し訳ないからたくさん作ったほうがいいな」と思ったわけです。(予想通りみんな夢中で拾っていましたね)

僕たちも思う存分撒くことができましたし、中村さんが大声で楽しそうにパンを撒いている姿を目にすることもできました。そして、子供たちもパンやお菓子を持ちきれないくらい両手に抱えているのを見て、「ああいっぱい作って良かったなあと、楽しく上棟式の日を皆と分かち合うことができてよかったなあ」と、ほっとしたことを今でもしみじみ思い出します。

ところで、肝心の十字に取り付けた梁の感想を聞くのを忘れていましたが、どうだったのでしょう?　そういえば、建物についての話はあまりしなかったですね。

実際に工事現場を目の前にして、日々出来ていく建物を見ていると、「自分たちの要望は、本当に解ってもらえているのだろうか?」、「ちゃんと理解していただけるようにお話しできているのだろうか?」と、不安な気持ちになることもあります。

でも、柱が立ち、梁が取り付けられ、屋根の三角形が現れたとき、僕らはとても安心しました。そして、興奮気味に妻と二人「いいね、いいね、いい大きさだねぇ」とその日はそのことばかり話して喜んでいました。

上棟式は、私たちクライアントにとっても大きな気持ちの節目になったように思います。ありがとうございました。

あれから工事のほうも順調に進んでいます。もう今日の工事では、壁や天井が付き始めました。わくわくしながら見守っていきたいと思います。

神幸紀

**●7月↓8月**／上棟後は天候に恵まれ、工事は順調に進む。

**●8月11日**／新貝とともに現場を訪れた中村は、Y工務店の道塚氏と引き戸の枠まわりの詳細や、屋根と壁の板金の葺き方などの打ち合わせの合間に、神から「もっと粗末な感じにはならないんですか」と言われる。

FAXで。中村は神の「もっと粗末な感じに……」という言葉が気になり、これは建築に対する価値観を共有する上で聞き流すべきでないと考えて、手紙を書く

# 9

# 機能性や合理性に裏打ちされた建築こそが「美しい」

2010年8月16日
神幸紀さま　麻里さま

先日は美味しいランチありがとうございました。

現場が着々と進んでいて、ワクワクしました。

さて、その現場で神さんから「中村さん、もう少し粗末な感じにならないですか?」と言われたことが、あれからずっと気になっています。

東京に戻ってからも、神さん夫妻とぼくのあいだにある「価値観の違い」や「感覚のズレ」はなんなのだろう? と、その微妙な差違について考えていました。

そして、思い当たったのですが、ぼくは建築家ですから、やはり、構造や、性能や、使い勝手や、耐久性を最優先に考えます。それを、別な言い方をすれば機能性や合理性ということになると思います。そしてそのような機能性や合理性に裏打ちされた建築こそが「美しい」という信念がぼくの中にはあります。

唐突ですが、女性の美しさにたとえるとわかりやすいと思います。

健康な身体と健全な精神をもち、知的で、姿勢の正しい生き方をしている女性は美しい

と思います。お化粧などしなくても素顔そのものがすでに美しいと。

妙な言い方になりますが、ぼくもそういう本来の意味で「健康で姿勢の正しい建築」をめざしています。たんなる見映えのために、作為的なこと、わざとらしいことはしないし、お化粧はしません。精神の形がそのまま建築に表れればそれでよいと思っています。

そこで立ち止まって考えるのですが、もしかしたら、神さん夫妻の求めているのは「雰囲気の建築」、「お化粧の建築」なのではないかということです。以前、窓枠に蔦が絡まっている写真かなんかを見せられたときに「おや、おや？」と思ったのも、ぼくはそれが、本質的なものというより「情緒的」、「雰囲気的」、「作為的」なものに思えたからです（今だから正直に言いますと、映画のセットじゃあるまいし、写真に写った素敵な窓と同じ窓を作って、写真に似せて蔦をからませるわけにはいかないなあ、という気持ちでした）。

というわけで、ぼくは「粗末な感じ」、「素朴な感じ」、「小屋らしさ」を出すために演出するのは、やはり本末転倒ではないかと思っています。それも一種の「お化粧」だからです。このことをよくよくご理解いただきたいと思っています。

じつは、ぼくがクライアントにこのように、歯に衣着せず真っ正面から意見を述べることは、めったにありません。ただ、ものごとを本質的に考える習慣のある神さん夫妻なら、このことはきっとわかってもらえるに違いないと信じているからです。ぼくとしては、お互いの感覚のズレが、今後、工事が進むにしたがって次第に深い溝になっていくことをいちばん心配しています。

お二人にとっては愉しい手紙ではないかもしれませんが、この件について、もう一度お考えくださるようお願いいたします。

中村好文

中村から送られた厳しい戒めのFAXを読んだ神夫妻は少なからず動揺。

すぐにFAXで返答する

# 9' 中村さん、なにもここまで厳しい言葉で戒めてくれなくても……とも思っています

2010年8月16日
中村好文様

FAXいただきました。ご心配おかけしています。

さっそくですが、中村さんに「もう少し粗末にならないですか？」と言ったこと、憶えていますか。それほど深い意味はありません。「御代田の小屋の粗末さがとても好ましく思えたので、そのようでないのはなぜですか？」といった質問のようなものでした。中村さんの回答は「寒冷地の建物なんだから、性能のことを考えると粗末にしておくわけにはいかないでしょう？　御代田の小屋は真冬には使わないからというのと、プロに頼まずに自分たちで作ったから粗末になっちゃっただけだよ」というものでした。その説明で充分理解できました。

それ以上でもそれ以下でもなく、単純なレベルの質問だったのです。

「雰囲気の建築」、「お化粧の建築」。耳に痛い言葉です。でもやっぱり、そこまでの深い

内容はなく、中村さんが設計した建物のあの部分が好き、この部分が好き、と結局、表層的なリクエストでしかないのですから、中村さん、なにもここまで厳しい言葉で戒めてくれなくとも……とも思っています。

私は中村さんとの間にズレが生じているとは感じていません。むしろ中村さんの感覚に近づきたいし、もっと学びたいと思っています。今後も中村さんがどのように考えるか知りたい、という気持ちで、素朴な質問をしたいと思いますのでよろしくお願いいたします。

今日、窯場の窓ができました。完成が楽しみです。

神幸紀

**◉8月15日↓17日**／レミングハウスの菊谷志穂は、8月末に行う予定の内部の左官工事（珪藻土塗り）[*]の材料の段取りと輸送の方法について、新貝と頻繁にやりとりを繰り返す。材料はレミングハウスで手配して新貝の事務所に送り、新貝の車で現場まで運ぶことに決まった……と思ったら、左官材料をあらかじめ練った状態にしておくと、量的にも重量的にもとても乗用車では運べないことが判明（なにしろ一二〇平方メートル分の材料である）。土壇場で加水しない状態で現場に直送することに変更。

**◉8月19日**／レミングハウスのスタッフ六名は、左官職人に弟子入りし、終日、左官塗りの講習を受ける。実際の左官塗りもさることながら事前の養生が大変なことを身をもって学ぶ。

＊　壁塗りのための左官材の一種。湿度を調節する働きがある。木鏝（こて）を使って塗るが、平滑に塗るには熟練を要する。ただし、凹凸のある稚拙な塗り方も味わいがあって捨てがたい魅力がある。七六－七七ページ参照。

大詰めを迎えた工事現場で段階的に進んできた設計を振り返って思ったことと、東京から北海道に出向いて作業する支援部隊派遣について

# 10 あの「ひとこと」で神さんはクライアントであると同時に、協同設計者になりました

2010年8月21日
神幸紀さま　麻里さま

こんにちは。

こちらは猛暑の毎日が続き少々バテ気味ですが、たぶん真狩村は爽やかな風が吹き抜ける快適な夏日をお過ごしのことと思います。

細部のやり直しなど、多少の手戻りはありましたが、工事は順調に進み、「パン窯設置」[*]という、この現場最大かつ最難関の大仕事を除いて、建築工事としてはいよいよゴール目前です。ゴールは見えて来ましたが、気を抜くどころか、ますます気迫のこもってきている道塚さんやY工務店の職人たちの仕事ぶりを見ていると、こちらが逆にハッパをかけられるようです。

ところで、先日そちらに伺ったとき、一人で現場の中を歩きまわりながら、段階的に変化（進化？）していった基本設計案の一つ一つをスケッチブックのページをめくるように

＊　中村に設計依頼の手紙を書く前から、神には新しいパン工房では、ぜひこれを使おうと心に決めていたパン窯があった。日本のあるパン屋で使われていたのを見て、一目惚れしたのだ。このパン窯はフランスで製造されているので、神は現地工場まで出かけて注文し、個人輸入し

た。しかし、事前の打ち合わせの行き違いから、部材が組み上がったかたちで到着し、すでに完成していた扉を壊して入れなければならないという思わぬ大きなトラブルがあった。
この窯は薪を焚いて窯全体を熱し、その余熱でパンを焼き上げる。熱量が多いので、パン工房も店舗もこの窯の余熱で暖房していて、冬場はマイナス一五度になる真狩でも寒さ知らずで快適に働くことができる。

思い出していました。そして、東京に戻ってからその基本設計の変化の過程をもう一度、図面で確認していて、「あ、結局、あのひとことが設計の決め手になり、この建物にピンと背筋が通ったんだ！」と膝を打つ思いをしました。そのひとこととは、いくつかのプランの変遷を経て基本設計が終わりかけていた昨年の11月のはじめに「住む。」の取材を兼ねて真狩村に行った折、神さんから「パン窯の部屋と店を含む工房のゾーンを壁や引き戸だけで隔てるのではなく、中間に通路を兼ねた緩衝地帯のようなものが欲しい……」と言われたことです。そして、このひとことを手がかりにプランを見直し、大幅に修正して、今まさに完成しつつある実現案に辿りついたのでした。そのとき、神さんは「引き戸一枚でパン窯と工房を行き来するのでは、気持ちの切り替えが出来ないから……」とも言っていましたが、完成間近の建物の中を歩き回ってみると、まったくのところ、おっしゃる通りだったと思います。十字梁のあるパン窯の部屋（チャペル）に入る前に呼吸を整え、居ずまいを正すためにもこの通路（前室）は不可欠だったと思いますし、建物を貫く動線としても、また夏期には風の通り道としても、なくてはならないスペースだったと思います。あの「ひとこと」で神さんはクライアントであると同時に、協同設計者として肩を並べることになりました。

　さて、感慨はここまで。ここからは現実的な話です。今月末（8月26日→29日）に、大挙してそちらに押しかけて作業する予定の作業班（＝支援部隊）派遣について、おおまかな予定をお知らせします。まず、人数ですが、そちらに行くのは、ぼくと新貝さんのほかに、家具の奥田忠彦さん、レミングハウスのスタッフ全員（十人）、北鎌倉から山本夫妻、札幌の平塚さん、それにカメラマンの雨宮夫妻で、総勢十八人になりました。

　仕事の内容は「外壁塗装工事」と「内部左官工事」、それに「幸太朗ツリーハウス工事」

の三つです。仕事の内容別に大まかに三班に分けようと思っていますが、途中で仕事を入れ替えることもあるかもしれません。このあたりは最初からあまりきっちり決めず、皆の作業ぶりを見ながら臨機応変にいこうと思います。

神さんには左官工事と賄い係（シェフ）を、麻里さんには塗装工事と賄い係助手を（賄いは料理好きのスタッフが手伝いますのでご心配なく）、幸太朗くんにはツリーハウス工事の手元（道具手渡し係など）をしてもらいます。

おそらく工事の四日間は、現場は一種の戦闘状態のようになると思いますが、作業に没頭するあまり、足場から落ちたり、刃物で怪我をしたり、過労や熱中症で倒れたりしないよう、気持ちを引き締めて頑張りたいと思います。

「頑張る」といえば、じつは、このところ事務所のお昼とお茶の時間は、真狩村の作業の相談で持ちきりです。数日前は、珪藻土を塗る左官仕事は難しいだろうからと、七名のスタッフが左官のプロに一日弟子入りしてコテ塗りの講習を受けてきました。このように、スタッフ全員（腕前はともかく）意欲とやる気満々で、現場行きを心待ちにしています。

最後になりましたが、宿泊は真狩温泉の村営ロッジを二棟借りて合宿したいと思いますので、恐れ入りますが予約をお願いいたします。

26日は、お昼過ぎには到着し、午後からいよいよ戦闘開始です。

作業の四日間がお天気に恵まれ、予定の仕事がつつがなく終了しますように。

中村好文

追伸——レミングハウスから大工道具、電気工具、左官道具、作業服、その他今度の工事に必要と思われるもの一式を、作業の二日前（24日着）の宅急便で送ります。大荷物になりますが、びっくりしないでください。

●**8月26日↓29日**／中村の事務所（レミングハウス）のスタッフら総勢十八人（通称、支援部隊）が現場に集合し、三泊四日で内部の左官工事、外壁の塗装工事、幸太朗のツリーハウス工事に取り組む。「工事費を少しでも安くするため、できることは自分たちでしよう」というのが表向きの理由だが、普段はデスクワークが中心になる設計のスタッフと一緒に、工事現場で職人たちと肩を並べ、手と身体を使い、汗にまみれてモノを作り出す苦労と充実感を経験したい、というのが中村のねらいだった。

●**9月3日**／待ちに待った薪窯の部材一式がフランスから届く。十カ月も前から何度も手紙とＦＡＸでやりとりして注文した「夢にまで見た大きな薪窯」。喜び勇んで梱包を外してみると、窯の中心部分が組み上がった状態で届いたため扉を通らず、神は意気消沈する。現場監督と職人たちが機転を利かし、扉のまわりを取り壊して搬入することになる。

作業班の働きぶりに感じ入ったこと。
フランスからパン窯が到着した際に発生したトラブル

# 10' 僕の頭には「恐るべしレミングハウス軍団！」というフレーズが駆けめぐっています

2010年9月3日

中村好文様

先週のみんなでの作業、本当にお疲れさまでした。

家作りの思い出に残る熱い四日間でしたね。

中村さんから「レミングハウスのスタッフや、友人を誘って真狩に工事を手伝いに行きたいんだけれど」という話を聞いたとき、僕はてっきり、和気あいあいと外壁塗装なんかをしながら工事はそこそこに切り上げて、温泉に入ったり、観光をしたりするんだろうなと思っていましたが、工事が始まってすぐに、「そんな雰囲気ではないな」と感じました。

朝の八時から日が暮れるまで、昼の休憩だけをはさんで、それ以外はずーっと作業するなんて、それを四日間も続けるなんて、僕の想像を超えて、皆さんの根っからの建築家根性にあきれるやら、感心するやらで、僕らもそれに応えようとする気力だけでなんとか二十人前の賄いを作り続けることができたように思います。

せめて食事くらいは美味しく作らなければ、お酒も充分用意しなければ、暴動でも起きかねないんじゃないかと、暴動とは大げさですが、まずい料理でも出そうものなら不満が充満することがひしひしと感じられました。

みんなが、「おいしい、おいしい」と言ってくれたことがまた次の日の気力につながり、そうこうしているうちにきっちりと作業は終わり、あいさつもそこそこに、さっと帰ってしまい、僕の頭には「恐るべしレミングハウス軍団！」というフレーズが駆けめぐっています。そして、学生時代に部活動の合宿をしたときのように無我夢中で取り組んだからこそ、そのさわやかな、そして親密な気持ちになれたのだと感謝しています。

そうそう、完成したツリーハウス、幸太朗は双眼鏡やおもちゃの鉄砲などを、すでに基地に運び込みました。僕も本とビールを持ち込んで、気持ちのよい休日のひとときをすごしています。

報告が遅れましたが、フランスからコンテナでパン窯の部材が到着しました。道塚さんと段取りを話し合い、すぐに組み立て工事を開始しました。が、さっそく問題発生です。薪を焚く部分が組み上がった状態（四〇〇キログラムもある）で届いていて、大きすぎて扉から入らないのです。

気落ちする僕を尻目に、道塚さんと棟梁は「扉を一度壊してから入れましょう！」と迷うことなく淡々と作業を進め、四人がかりで何とか搬入したところです。

いやはや、早速こんな調子では先が思いやられます。僕の担当なので、責任は僕にあるのですが……。

ということで、せっかくみんなに漆喰を塗っていただいた「チャペル」になりかけの空間が、また今は工事現場へと逆戻りです。組み上げるのに三週間ほどかかりそうです。

そして、窯の前面に壁として使う煉瓦をそろそろ準備しようと思います。どのような種類の煉瓦を用意したらよいか、指示いただければと思います。

東京はまだまだ暑い日が続いているようですね。こちらは、もう朝晩の風も冷たくなってきて、秋の気配がしています。

次にお会いできるのは、窯が組み上がった頃でしょうか。

紅葉のきれいな季節、秋の食材を用意してお待ちしております。

神幸紀

真狩村でのハードな四日間の作業を終えて、
東京に戻った中村からのお礼の手紙

# 10”

# スタッフは「自分たちの仕事は予定通りきちんとやり遂げたもんね」と、意気軒昂、達成感で鼻高々です

2010年9月6日
神幸紀さま　麻里さま

現場作業の四日間、本当にありがとうございました。

愉しくて、暑くて、熱くて、濃くて、美味しくて、賑やかで、充実した肉体労働三昧の日々でした。三度三度の食事では、すっかりお世話をかけてしまいました。宿泊のことどもいろいろご手配いただき、ありがとうございました。

われわれ一行が札幌に向かう車を見送りながら、神さん夫妻が洩らした「やれやれ、疲れたあ〜!」という溜息が聞こえたような気がしました。本当にお疲れ様でした。

われわれは、あれから札幌で盛大な打ち上げ宴会をし(斉藤夫妻も参加しました)、勢い余ってそのままカラオケになだれ込んで、大盛り上がりしました。

おかげで今朝はほぼ全員二日酔いの上に筋肉痛と喉痛です。飛行機に乗り込むときはよろよろして病人の集団のようでした。

東京は今日はまだ凄まじい猛暑です。あと三日間ぐらいは真狩村に滞在して、幸太朗くんのツリーハウスをきっちり最後まで仕上げたかったなあ、と思っています。

スタッフは「自分たちの仕事は予定通りきちんとやり遂げたもんね」と、意気軒昂、達成感で鼻高々です。

取り急ぎ、お礼まで。

中村好文

追伸――

1、窯の前面に使う煉瓦のことですが、やはり淡いベージュの色調で、風合いにも暖かみのある耐火煉瓦にしたいと思います。値段は少々張りますが、ここは大事なところなのでフンパツしてください。

2、ツリーハウスの仕上げをできるだけ早い時期にしたいと考えています。
外壁の材料他、今しばらく片づけずに現場に置いておいてください。
真狩行きの予定が決まりましたら、また連絡いたします。

◉**9月14日→15日**／中村、新貝、窯の設置状態を見るためと、やり残しになっていたツリーハウスを完成させるため真狩村におもむく。窯の前面に積む煉瓦を耐火煉瓦にすることに決める。

完成間近。駐車場やアプローチ通路の仕上げ、看板などを早急に決めたい……と、ややあせった手紙

# 11

## あとは盛りつけの指示を待つばかり。元料理人の僕は、今の現場はそんな熱気に似ているなと感じました

2010年10月12日
中村好文様

いよいよ工事も最終段階、フランスからコンテナで届いたパン窯もほぼ組み上がり、こ

れから窯の前面を覆う煉瓦壁を積み上げていくところです。

今回、届いた耐火煉瓦は、前の窯で使っていた物より若干オレンジ色や赤みが強いようです。色むらが結構あります。写真に撮って送りますので、ご確認お願い致します。

それと、引っ越しの日を、11月17日から五日間と決めてしまいましたので、まだ決まっていない外構や看板設置の相談もしていかなければと思っています。

看板そのものは今使っている物を取り外してつけようと思っていますが、どのようにつけたらよいのか思案中です。お客さんから見やすく、冬は除雪の邪魔にならない所がベストです。それと、駐車場スペースには、砂利を敷くのがいちばん安上がりでしょうが、なにか寂しいような気もしています。予算の関係上あまりお金をかけられませんが、よいアイデアはないでしょうか？

こまごまとしたご相談ごとばかりで申しわけありませんが、時間的にも差し迫ってきています、取り急ぎご指示いただければと思います。

現場も（僕を含む）追い込み工事が続いています。

中村シェフのもと、ソースが仕上がり、付け合わせが用意でき、肉も焼き上がり、あとは盛りつけの指示を待つばかり、熱々の料理を提供するまでのクライマックス。元料理人の僕には、今の現場はそんな熱気に似ているなと感じました。

完成までもうすぐですね。

追伸——新しい窯に使うパンへラの製作を奥田さんに依頼しました、熱に強いクルミを使って、長さは三メートルを超えるサイズになりそうです。先日は窯場のハシゴに使うブラックウォールナットを探しに旭川まで行ってくれたようです。奥田さんの家具に対する妥協のない職人仕事には、背筋が「ピシッ！」と伸びます。

神幸紀

◉**10月半ば↓10月末**／窯の正面に木製のヘラを引っかけておくための横木（バー）を取り付けることになっているが、以前から、この横木になにか箴言的な言葉を刻もうという話があった。その言葉選びと字体について、新貝と新貝の友人のデザイナーと中村とのあいだで「ああでもない、こうでもない」のやりとりが続く。

窯の前面を覆う耐火煉瓦は白く塗装することと、ヘラを掛けておく横木に刻む言葉を提案する手紙

# 11'

パンは窯に入ったら「なるようにしかならない」ので、いっそ「Que Sera Sera」にしたいと思いますが……

2010年11月1日
神幸紀さま

こんにちは。

パン窯、とうとう組み上がったんですね！　部材の一部が組み上がった状態でフランスから届いてしまいドアから入らなかったという手紙を読んだときは、目の前が昏《くら》くなりましたが、今となれば、それもはるか遠い昔の出来事のように思えます。

さて、今日はいくつか具体的なことを書きます。

まず、耐火煉瓦の色のことですが、送ってもらった写真を見る限り、おっしゃるように赤みや色むらが目立ちますね。こうなると思い切って白く塗装してしまったほうがいいかもしれません。最終的には現場を見てから決めたいと思いますが、白く塗装された煉瓦壁はちょっと北欧的な感じが出るので（[*1]アルヴァ・アアルトのアトリエや、[*2]ポール・ケアホルムの自邸の写真を参照してください）、それもなかなかいいと思うのです……と書きながら「塗装してしまうなら安い普通煉瓦だって良かったじゃないか！」という神さんの不満げな声が聞こえてくるようです。耐火煉瓦の極端な色むらを予想しなかったぼくの読みが甘かったのかもしれませんが、このままにしておくわけにはいきませんので（わがままな建築家だとお思いでしょうが）、ここは思い切って塗装することにしたいと思います。

看板は、ぼくも鉄板の切り抜いた今の看板を再利用したいと考えていました。設置場所は、雪かきの邪魔にならない店に向かって右側で、車で来たお客さんにもよく見えるよう、道路に近い場所に立てたいと思います。納屋の梁材が残してあるのでそれを支柱にしてもいいかなと考えていますが、もしかしたら太すぎてアンバランスかもしれません。これも最終的には現場で決めたいと思います。

駐車場の仕上げについては、じつは、ぼくも頭を悩ましていました。

当初は枕木を敷き詰めるつもりでいましたが、面積が結構広いので費用がバカにならず、

＊1　アルヴァ・アアルト（一八九八－一九七六年）は北欧フィンランドの国民的な建築家・家具デザイナー。ゆるやかな曲線をえがく煉瓦の壁面や木材を多用し、穏やかな情感をたたえたオーガニックな建築が特徴。ヨーロッパでも辺境の地にありながら、世界中に今も多くのファンを持つ。主な作品は「パイミオのサナトリウム」、「マイレア邸」など。フィンランド産の白木の家具やそれによく似合う照明器具、ガラスの器などもデザインし、それらは今も生産されている。

＊2　ポール・ケアホルム（一九二九－一九八〇年）はたぐいまれな才能と研ぎ澄まされたセンスで若いうちから名作をたくさん作った北欧屈指の家具デザイナー。妻のハンナ・ケアホルムの設計した自邸はデンマークのコペンハーゲン郊外にある。この住宅には要所に白く塗られた煉瓦が使われている。一九九八年、ここを訪れた中村

は、この白塗装の煉瓦のもつ、ストイックでありながら、どこか人肌の温かさの感じられる風合いに強く心惹かれた（『住宅巡礼・ふたたび』筑摩書房、参照）。

これから奥田さんに頼んで製作してもらう予定のパン窯用の長い木のヘラをはじめ、ハイスツールやハシゴなどにもそれなりにお金がかかるので、最低限の費用で済ませたいところ。かといって、砂利敷きではねぇ……と思っていたら、前回泊まったニセコのペンションの駐車場に木のチップが敷き詰めてあって、これがフカフカしていて歩いてみるとなかなかいい感じでした。さっそくオーナーにたずねると、近くの森林組合で作って売っているもので、値段もごく手頃でした。というわけで、次回、神さんにも見てもらって気に入ってもらえたら、この木のチップを採用したいと思います。

それから、窯の正面の木のヘラを引っかけておく横木《バー》に、言葉を刻む件ですが、普通、こういうところには、いわゆる箴言や格言を刻んだりするのですが（まさか「人はパンのみに生くるにあらず」なんて入れるわけにもいかないですしねぇ）、そういうのはちょっとクサイような感じがします。そこで、パンは窯に入れたら「なるようにしかならない」ので、いっそ、「Que Sera Sera」としたいと思いますが、いかがでしょう？

さてさて、いよいよ大詰めです、最後のひと頑張りをしましょう。

17日の「火入れ式」、今から心待ちにしています。

中村好文

◉**11月7日**／十日後に控えた「火入れ式」に備えて、招待するメンバーへの連絡、宿泊場所と千歳空港から真狩村への交通手段のことなどの段取りを進める。同時に中村は薪窯から最初のパンが焼き上がって出てきたとき、出席者みんなで歌うための替え歌の選曲と作詞を始める。

右ページ／11月17日。火入れ式当日、パンが焼き上がるのを待つあいだ、薪窯の前でつのだたかしさんのリュート・コンサートが開かれた。
左ページ／上右・新しい窯の火の状態をチェックする神さん。上左・リュート演奏に聴き入る招待客の面々。蒸気が立ちこめて霧の中のコンサートのよう。下・窯出しの後の食事会のしつらえ。ローソクが灯されてクリスマス晩餐会と見まごうばかり。

大きなヘラを巧みにあやつって、
焼き上がったパンを窯から次々
に引き出す神さん。
香ばしいパンの香りが室内に充
満する。

右ページ／窯の温度が徐々に下がり、その日の最後に焼き上がるのが、パン・ド・ミ（食パン）。お昼近くの高く昇った太陽が天窓から差し込んでくる時間。早朝から始まった慌ただしいパン焼きの時間も終わりに近づき、静かで充実した窯場での仕事。
左ページ／右上・朝いちばんに焼き上がるオリーブオイルを練り込んだパン、チャバタ。窯の最高温で焼かれるこのパンの焼き時間や焼き色のつき方を見ると、その日の窯の状態が把握できる。
下・パンヘラいっぱいの大きなリュスティック。黄金色に焼き上げるため、焼き上がるぎりぎりまで窯のふたを開けない。
「もう焼けたかな」と想像力や嗅覚、視覚を集中させる窯の作業は毎朝、真剣勝負だ。「よい表情」で焼き上がったときは、ほっとひと安心。

店に並ぶパンはオープン当初から、ほとんど変わらず15種類ほど。

右ページ／上右・エメンタールチーズをたっぷりと練り込んだチーズのパン。上左・チョコチップを入れた柔らかいバターパン。中右・パリの修業先のスペシャリテでもあるアルザスの伝統菓子クグロフ。中左・窯の強い熱で「ばりっ」と焼き上げるクロワッサン。下右・季節によって中に巻き込むクリームを変えるパン。秋にはマロンクリームを巻いた栗ロールが定番。下左・パスタによく使うセモリナ粉を使ったパン。中身がほんのり黄色く、ねじった形が自然な表情。

左ページ／上右・季節限定のライ麦パン、カランツをたっぷり入れて。上中・真狩で夏にとれたシナの蜂蜜を使ったハチミツパン。焼きあげたあともシナの香りを強く感じる。上左・レーズン、クランベリー、アプリコット、オレンジ、クルミ、アーモンド、たっぷりのドライフルーツを詰め込んだパン。中右・1.2キロと大きく四角く焼いたリュスティック。あまり手を加えていないので素朴な粉の味が残る。下右・イチジクとクルミのパンは、練り込んだクルミの香ばしさとプチプチしたイチジクの食感が楽しい。下左・パン・ド・カンパーニュ（田舎パン）。お客さんに「おすすめのパンは?」と聞かれたら、このパンを紹介する。薪窯で美味しく焼くにはぴったりのパン。

右ページ／建物が完成し、新規開店した店の入り口まわりの様子。
左ページ／店の内部。以前の店よりふたまわりほど広くなったが、店の雰囲気はあまり変わっていない。床下には窯上部の暖かい空気を引き込んで床暖房している。

右ページ／空気がしんしんと冷え込んで来る晩秋の夕暮れ時。室内のオレンジ色の灯りがあたたかく、懐かしく感じられる。
左ページ／上・店のショーウィンドウ。開店しているときは、ここにパンを飾っている。
下右・白く塗装された窯場は、明るく清潔な印象が漂う。
下左・神さんの提案で実現したパサージュ（通り抜け通路）。階段を上がると、休憩室兼ゲスト用寝室のロフトがある。

看板を照らす外灯の支柱は納屋の梁を再利用したもの。鉄板切り抜きの看板も以前の店で使っていたもの。

念願のパン窯を無事設置できた報告。

大工事がつつがなく終わりを迎える満足と歓びの気持ちがこめられた手紙

# 12 パン職人にとって忘れられない瞬間の一つは、新しいパン窯で初めてパンを焼く瞬間なのです

2010年11月12日
中村好文様

こんにちは。

真狩は、ちらちらと雪が降り始めました。この雪のおかげで外構工事がなかなか進まず、工事完了まではもう少し時間がかかりそうな雰囲気です。晴れの日が少しでも続いてくれるといいのですが……。

いろいろ問題のあったパン窯も、無事設置することが出来ました。現場監督の道塚さん、大工さん、左官屋さん、皆さんの奮闘で、大きくてどっしりと頑丈なパン焼き窯が組み上がりました。

ずいぶん前に読んだ古いパンの本に、中世のフランスでは、パン窯の中心（パンを焼く所）を「祭壇」と呼んでいた、と書かれていたことを思い出しました。

中村さんが「チャペル」と呼ぶパン焼きのためのこの空間、天井には古い梁の十字架、

そして「祭壇」だなんてなんだか暗示的ですね。

天窓からの柔らかい光が差し込み、とても心落ち着く静かな空間です。僕は、何度も天井の古い梁を眺めます。古い記憶と結びついて、ここに建っていた青いトタン張りの古い納屋が浮かんできたり、短いながらも僕たちが暮らしてきたこの土地での、僕らのパン屋の歴史までもこの梁を通して思い出されます。

中村さんがこの「チャペル」を愛おしむように作り上げた気持ちが、ここで佇んでいると強く伝わってくるように感じます。

こうして、神聖な空間が出来ましたので、いよいよ、その「祭壇」に初めて火を入れ、パンを焼く「火入れ式」を11月17日の引き渡し日に合わせて、執り行いたいと思っています。

この新しいパン工房とパン窯から新しい物語が生まれますように、美味しいパンがこのパン窯から生まれますようにとの願いを込めて、十字の切り込みを入れたパン・ド・カンパーニュを窯の力でばりっと焼き上がるよう準備したいと思います。


薪窯でパンを焼くことは僕にとって、美味しさを目指す点でも、精神的な面でも、とても重要だと感じています。そして、パン職人にとって忘れられない瞬間の一つは、なんといっても新しいパン窯で初めてのパンを焼く瞬間なのです。

そんな瞬間をみんなで分かち合えればうれしいなと思っています。

中村さんのご友人はじめ、レミングハウスのスタッフの方々、皆様にぜひ参加していただければなと思っています。おいしいお酒、おいしい料理を用意してお待ちしています。

神幸紀

◉**11月17日**／「火入れ式」と「完成パーティ」は、大盛会のうちに終わる。新しい窯に火を入れ、最初のパンを焼くのは神幸紀にとっても設計者の中村にとっても、感無量の出来事であった。設計依頼から工事完成までの道のりは決して平坦ではなかったが、終わってみると、長かったような、短かったような、生涯忘れることのできない充実の日々だった。

「火入れ式」の感想とお礼、
引き渡しを終え、設計監理の仕事がひととおり一段落したあとの手紙

# 12' 住まい手によって住みこなされ、使いこなされていくのは建築家冥利に尽きる喜びです

2010年11月20日
神幸紀さま　麻里さま

おととい、札幌から最終便で東京に戻りました。

「火入れ式」お疲れ様でした。

今回は、体の疲れだけでなく、新しい窯に火を入れてパンを焼く緊張に、大勢のうるさ方（？）のゲストをもてなす気苦労も重なって、二人ともさぞお疲れのこととお察しいた

します。そして、その疲れをゆっくり癒す間もなく窯の「慣らし焚き」を続けていると聞き、神さんのこの新しい窯にかける期待と意気込みの大きさをあらためて感じています。

ところで、「火入れ式」は本当に素晴らしかったですね。あの二日間の出来事は、どこか現実離れしていて、つい数日前のことなのに、遠い昔の出来事か、夢の中の出来事だったように思えます。ぼくは工事が始まった頃から、新しい窯で最初のパンを焼く「火入れ式」を開きたいと考えていました。そしてその時は、友人のつのだたかしさんに窯の煉瓦壁の前でリュートを弾いてもらおうと、ひそかに心に決めていました。これまでにも何度か、新築のお祝いにつのだざんをお呼びしてリュートの生演奏をクライアントへのプレゼントにしてきましたが、今回もそれが実現できて大満足です。つのださんには、新しい窯にパン生地を入れてから焼き上がるまでの約四十分ほどリュートを演奏してほしいとだけ伝えてありましたが、選んでくれた曲目はどれもあの室内の雰囲気にぴったりだったし、演奏時間もぴったりで感服しました。

そして、いよいよパンが焼き上がって窯から出す瞬間には、参加者全員、思わず身を乗りだす感じで神さんの手元に見入りました。じつを言うと、ぼくはこの窯出しの時に参加者全員で輪唱する「静かな湖畔の」の替え歌「窯出しの歌♪」を作詞していったのですが、そういう賑やかな騒ぎはまったく似つかわしくない厳粛な雰囲気でした。

昨日、圭子さん（つのださんの奥さん）から今回の火入れ式の感想を綴ったメールをもらいましたが、そこには「すばらしい瞬間に立ち会えました。お誘いありがとうございました。どことなく茫洋とした雰囲気の神さんが、あの長いヘラを持つと別人のようになって、時間との戦い！　って感じできびきびと凛々しく働く姿は文字通り息をのむようで、とても声をかけたり、輪唱するような場面ではありませんでしたね」とありました。そう、まったくその通りだったのです。

窯出しに続く別室での夕食会も感動的でした。長いテーブルがセットされ、キャンドルが灯されている様子はちょっとしたクリスマス晩餐会の趣きでした。シャンパン、ワイン、そして、次々に出てくる美味しい料理……もともと、神さんはフレンチの料理人だったのですから、美味しいのは当然といえば当然ですが、「しつらえの素晴らしさといい、ホント、この夫婦、よくここまでやるよね」と、席のまわりの人たちで言い合いました。

礼状のつもりが、なんだか感想文のようになってしまいましたが、本当にいろいろありがとうございました。

さて、「火入れ式」と「窯出し」を終え、いよいよ新しい店が始動しますね。

そのお店もいきなり全速力で走り出すのではなく、薪を少しずつくべ、だんだんに窯を温めてから、ジワリジワリとスタートする様子は蒸気機関車の発車のようです。シューッと、蒸気をひと吹きし、大きな鉄の車輪がゴ〜ットン、ゴットンとゆっくり回って重い車体を引っ張って動き出すあの感じ。神さんは、この冬のあいだにとことん新しい窯に付き合うと言っていましたが、雪解けの頃には神さんと窯はすっかり気心の知れた相棒となって、二人三脚で疾走していることでしょう。

建物が設計者の手を離れ、住まい手によって住みこなされ、使いこなされていく様子を見るのは建築家冥利に尽きる喜びです。建物がお二人の仕事を甲斐甲斐しく手助けし、しっかり働いてくれますよう、そして神さん一家とパン好きのお客様にいつまでも愛されますよう、心よりお祈りいたします。

中村好文

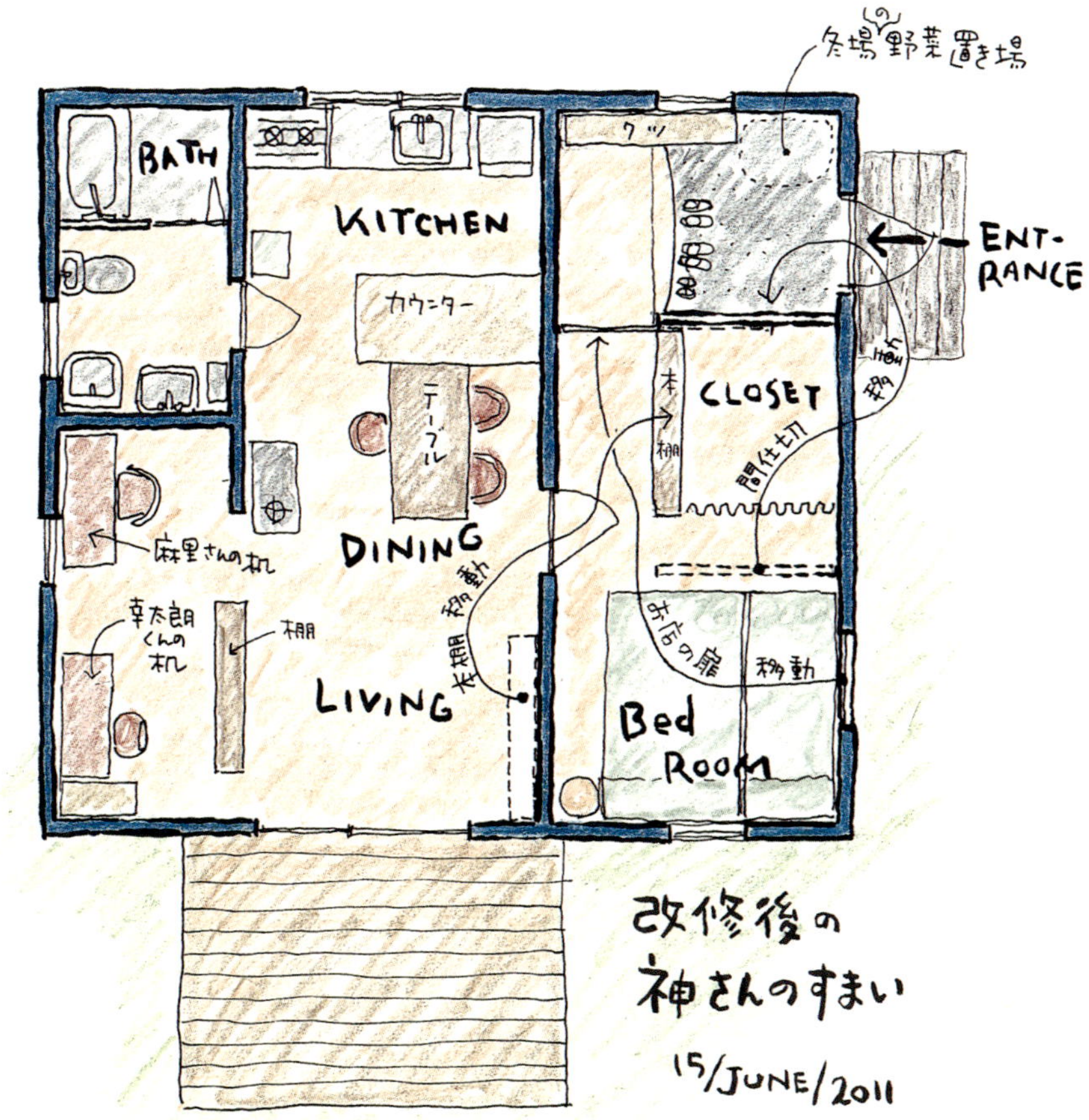

ガレージキットの建物改修後の神さんの住まい。20ページのパン工房とお店を併設していた住まいと比べてほしい。以前のパン工房と店の部分がベッドルームと玄関（左の写真）になった。建具や家具が上手に再利用されているところに注目して欲しい。

改修したあとの住まい内部。面積的には広くなったし、使い勝手も良くなったが、雰囲気がほとんど変わらなかったのが不思議。室内は相変わらずワンルームの住宅の親密な空気に包まれている。

旧・薪窯をゲストハウスに改修する計画案の平面図と断面図。ここでも窯の排熱を利用して床暖房することを考えている。

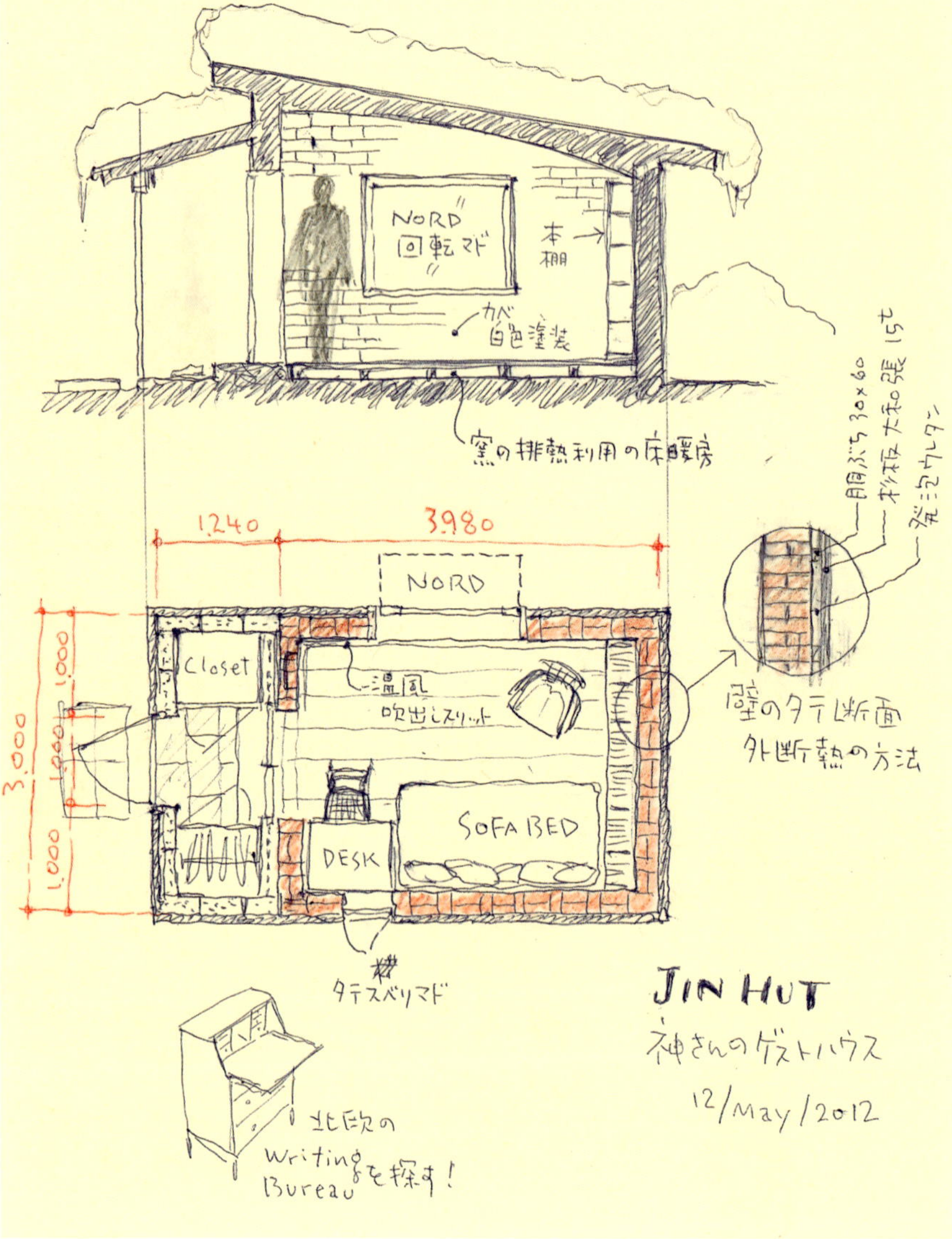

上・旧薪窯の外観。
下右・薪窯の改修工事にも、新貝と奥田と私、それに、レミングハウスのスタッフ3名が駆けつけて大工工事と塗装工事に汗を流した。
下左・改修工事を終えた旧・薪窯。

右ページ／上・雪景色のツリーハウス。冬場は雪の重みに耐えるための支柱が立てられる。ツリーハウスの真正面に羊蹄山が見える。
下・雪に埋もれた書斎兼ゲストハウス。
左ページ／ゲストルーム内部。白く塗装された煉瓦の壁、パイン材の床と天井、トリプルガラスを入れた木製サッシ、窓の外の雪景色。目隠しされてここに連れて来られて、目隠しを外された人は「北欧にいる」と錯覚するにちがいない。

# 普請はつづく

中村好文

　はじめて真狩村の神さんの店と住まいを訪れたとき、私がもっとも心惹かれたのは、神さん自身が煉瓦を積んで作ったという薪窯のパン小屋でした。

　それは、パンを焼く窯に雨雪を凌ぐ簡単な屋根を架けただけの簡素きわまりない小屋。まったく飾り気のない機能むき出しの小屋でした。いざパンを焼く段になると、神さんは事前に小割の薪を炉の中にじゃんじゃん放り込み、ときどきしゃがみ込んで炉の中の様子を窺って火の勢いを確認していました。窯の中にはひと抱えもある火柱が上がりゴウゴウ音を立てながら燃えさかりました。神さんはまるで蒸気機関車の機関士のように勇ましく颯爽とした態度で働いていました。

　神さんによれば、パン屋を開店して以来この窯を酷使してきたので、あちらこちらに問題が出はじめているとのこと。そんなわけで、今の窯を「だまし、だまし」使っているので新しい窯に移行する時期をあまり先延ばしにできそうもないという話でした。言われてみれば、煉瓦のあちらこちらに亀裂が入り、番線で縛りつけたり、突っかい棒のようなもので突っ張ったり、あちらこちらに不具合と補修の跡が散見されました。

一方、建物の外に出て、パン小屋を眺めると、建物はほどよい大きさで（というより「ほどよい小ささで」）、なかなか愛らしいたたずまい。煉瓦の積み方が粗雑であるとか、屋根の架け方にバラック感があるとか……建築的に見れば難点だらけですが、そんなことを差し置いて、この小屋には言うに言われぬ魅力、英語で言えばsomethingがあると私は思いました。

「新築の建物ができるとこの小屋は役目を終えるわけだけど、かといって、これを壊しちゃうのは惜しいよねぇ？」と神さんに言うと、神さんから「そうなんですよねぇ、ぼくも、一緒に働いてきた相棒みたいなこの窯と小屋は壊したくないんですよ。窯の部分の煉瓦を解体したら部屋として使えるし、その煉瓦で暖炉を作ったりしたいですね。できますかね？」という言葉が返ってきました。

この時点で、パン小屋の命運は決まりました。二人が同じ意見なのですから、壊さずに再利用する方向で考えることになったのです。

最初に私が提案したのは「図書室」あるいは「書斎」にする案です。

神さんは読書好きですから、もちろんこの改修案に賛成してくれました。住まいの方は、ほぼワンルームなので、「一人静かに」は、望むべくもありません。幸太朗という元気な男の子もいることですし、どうしても気分はざわつき気味になります。仕事が一段落したとき、あるいは休みの日に一人静かに本を読んだりして過ごす場所があれば、休養も充分に取れるでしょうし、気分的にも豊かになれるはずです。はたで見ているだけでも、パン作りの仕事は相当な肉体労働なので、「仕事の合間に休憩室的に使ってもいいね」ということにもなりました。

さて、その工事の時期ですが、お店と大型の薪窯を備えたパン工房を新築するのは、若い神夫妻にとっては、とてつもない大事業です。自己資金が潤沢にあるわけではなく銀行からの借り入れ資金でやるわけですから、おのずから限界もあります。改修の大方針は決まったとして、まずは本工事をやり遂げ、新店舗が軌道に乗りだしたらやりましょう……ということになりました。

大きな薪窯を備えたパン工房と店舗の工事は着々と進み、2010年11月に完成しました。今まで住宅の三分の一以上を占めていた店舗と工房が新しい建物に移転したので、神さんはかねてからの予定通り、抜け殻になったこの部分を住宅に改修する工事に着手しました。ガレージキットからセルフビルドで住まいを作り上げた経験と実績のある神さんは、手仕事の人、実行の人ですから、腕を組んでしばし沈思黙考なんてことはせず、右手に金槌、左手にのこぎり、耳に鉛筆を挟んでどんどん工事を進めます。あるとき、久しぶりに私が訪ねると、旧店舗部分を寝室にするために床を張り始めていました。

「おお、やってるねぇ」と声を掛けながら、ふと、その手元を見ると、素焼きのタイル張りだった床に根太を渡し、その上に直に床板を張っています。厳冬期にはマイナス二〇度ぐらいになるという寒冷地で断熱材無しの床では底冷えしてたまりません。すぐに私は工事にストップをかけ、今まで張った床をはがして断熱材を入れるように指示しました。神さんは「ええ〜、これ、全部やり直すんですか？」と口をとがらせて不満げな口ぶり。私は「百戦錬磨のお抱え建築家が言うんだよ、いいからぼくの言うことを聞きなさい」と冗談交じりに言ってなだめ、やり直してもらいました。

改修工事を見ていて気になったのはそれぐらい。あとは神さんの独壇場でした。いま書いたように旧店舗部分は寝室になり、旧パン工房はクロゼットと念願の玄関になりました（店舗併用住宅には玄関がなくて不自由していたのです）。この改修工事で、神さんは以前使われていた建具や家具にちょっとだけ手を入れ、じつに上手に「使いまわして」います。現実家、実践家の面目躍如といったところです。たとえば、お店の入り口で使われていた開き扉は玄関を風除室にするための引き戸に変身させ、お店と工房を仕切っていた壁は取り外されて移動、居間にあった本棚は廊下とクロゼットの仕切りに使われているといった具合。この改修で、神さん一家の住まいに玄関と寝室と幸太朗くんの部屋（コーナー）ができて、飛躍的に住まいらしくなりました。

私が不思議に思うのは、改修によってこれだけ大きく様変わりしたのに、その雰囲気はちっとも変わった感じがしなかったことです。室内には、以前と少しも変わらず神さん夫妻の気取らず自然体で暮らす気配と穏やかな空気感が漂っていますし、家具や雑貨や小物が室内のアクセントになっていて日々の生活に潤いを与えているところもまったく同じです。

普通、「インテリア」という言葉は「室内」と訳されますが、神さんたちの家と暮らしを見ていると、住み手の心の内側を指す言葉のようにも思えてくるのでした。

母屋の改修からさらに丸二年がたち、昨年の初夏（2012年）、いよいよ旧パン小屋の改修に取りかかることになりました。

じつは、私はひょんなことからお隣りのニセコでレストランを手がけることになったので、この二年間、足繁く真狩村の神さんの家を訪れる機会がありました。そして、訪ねて行けば、ご馳走になり、ご馳走になれば泊めてもらうので、私はすっかり「図々しい親戚のおじさん」になってしまいました。このおじさんは、おそらく、これからもたびたびお世話になるだろうという予想と、おじさんの友人知人も遠慮なく押しかけそうな不穏な動きもあるので、当初の「書斎兼図書室」案に加えて「ゲストハウス」としてや「オーヴェルジュ」としても使えるようにしました。そして、話し合いの結果、今後の「オーヴェルジュ宿泊費」の前払いとして改修費の半分はおじさん（つまり私）が負担することに決まりました。

小さな建物ですが、工事はなかなか大変でした。煉瓦でがっちり築かれたパン窯を解体撤去するのがひと仕事でしたし、なんとか使えるかなと思っていた屋根も結局は全部壊して全面的にやり替えになりました。嬉しいことに、解体してみると、玄関兼風除室にちょうど良い広さの前室と、六畳をひとまわり大きくした居心地の良さそうな部屋が出現しました。神さんの積んだ煉瓦もいい風合いを醸し出しています。解体工事、屋根工事、開口部工事、内部の塗装工事を本工事をしてくれたY工務店に依頼し、その後の外壁の板張り工事と塗装工事、内部の本棚工事はセルフビルドで仕上げました。今回は私の他に私の事務所から男性スタッフ一名、女性スタッフ二名、北海道在住の友人三名（一人は新貝さん、一人は家具職人の奥田忠彦さんです）が現地に集結し、二泊三日の突貫作業で完成させました。

出来映えですか？　もちろん上々です。百聞は一見にしかず、どうぞじっくり図面と写真をご覧下さい（一四〇〜一四四ページ）。

どんなツリーハウスはいいか、依頼を記した幸太朗くんの手紙

## こんなツリーハウス できたらいいな

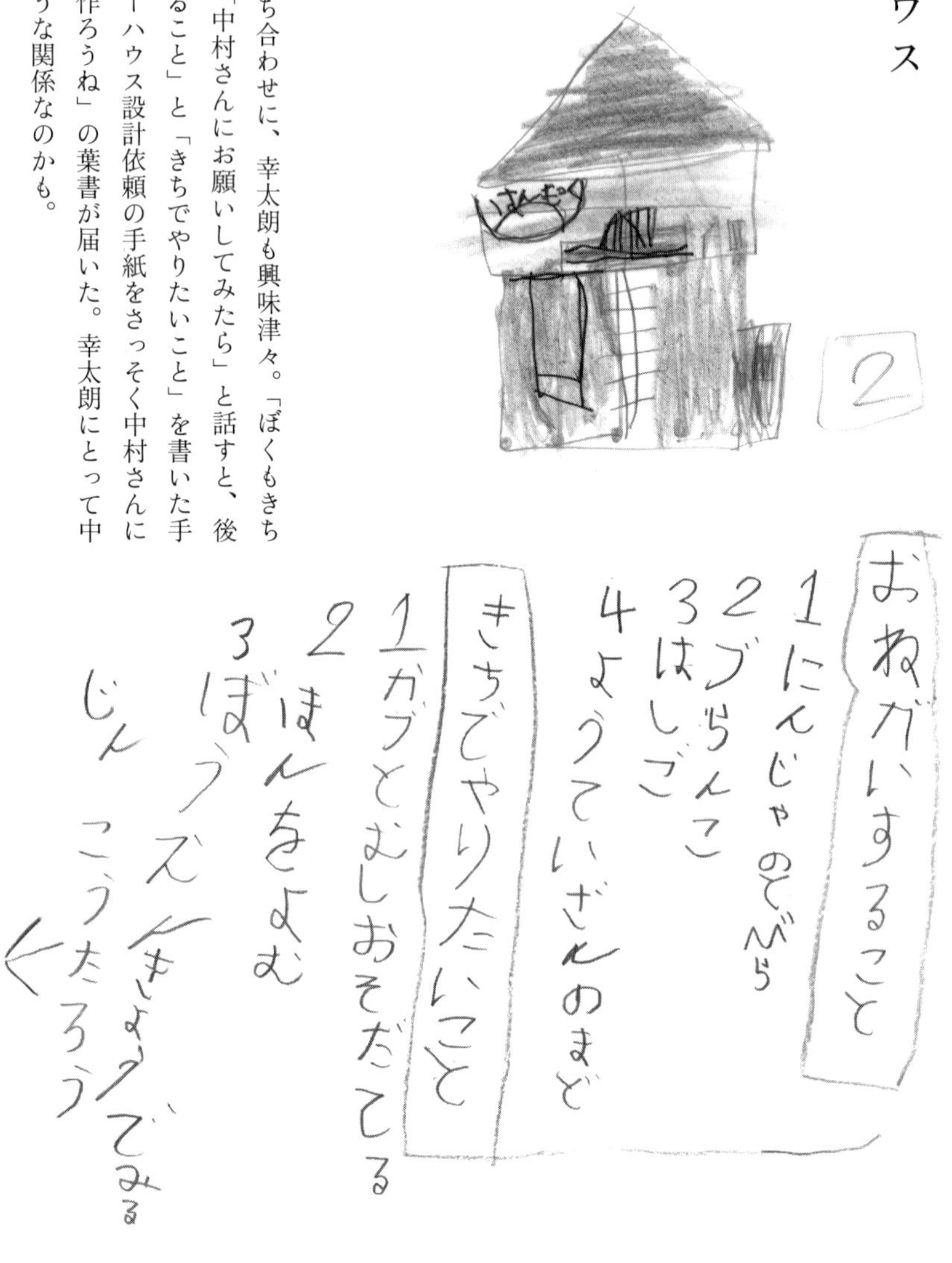

2ブらんこ
3はしご
4ようていざんのまど

2ほんをよむ
3ぼうえんきょうでみる
じん こうたろう

中村さんとのパン工房設計打ち合わせに、幸太朗も興味津々。「ぼくもきちがほしいなあ」というので、「中村さんにお願いしてみたら」と話すと、後日、絵を添えた「おねがいすること」と「きちでやりたいこと」を書いた手紙を見せてくれた。このツリーハウス設計依頼の手紙をさっそく中村さんに送ると、二つ返事で「一緒に作ろうね」の葉書が届いた。幸太朗にとって中村さんは少し年上の友達のような関係なのかも。

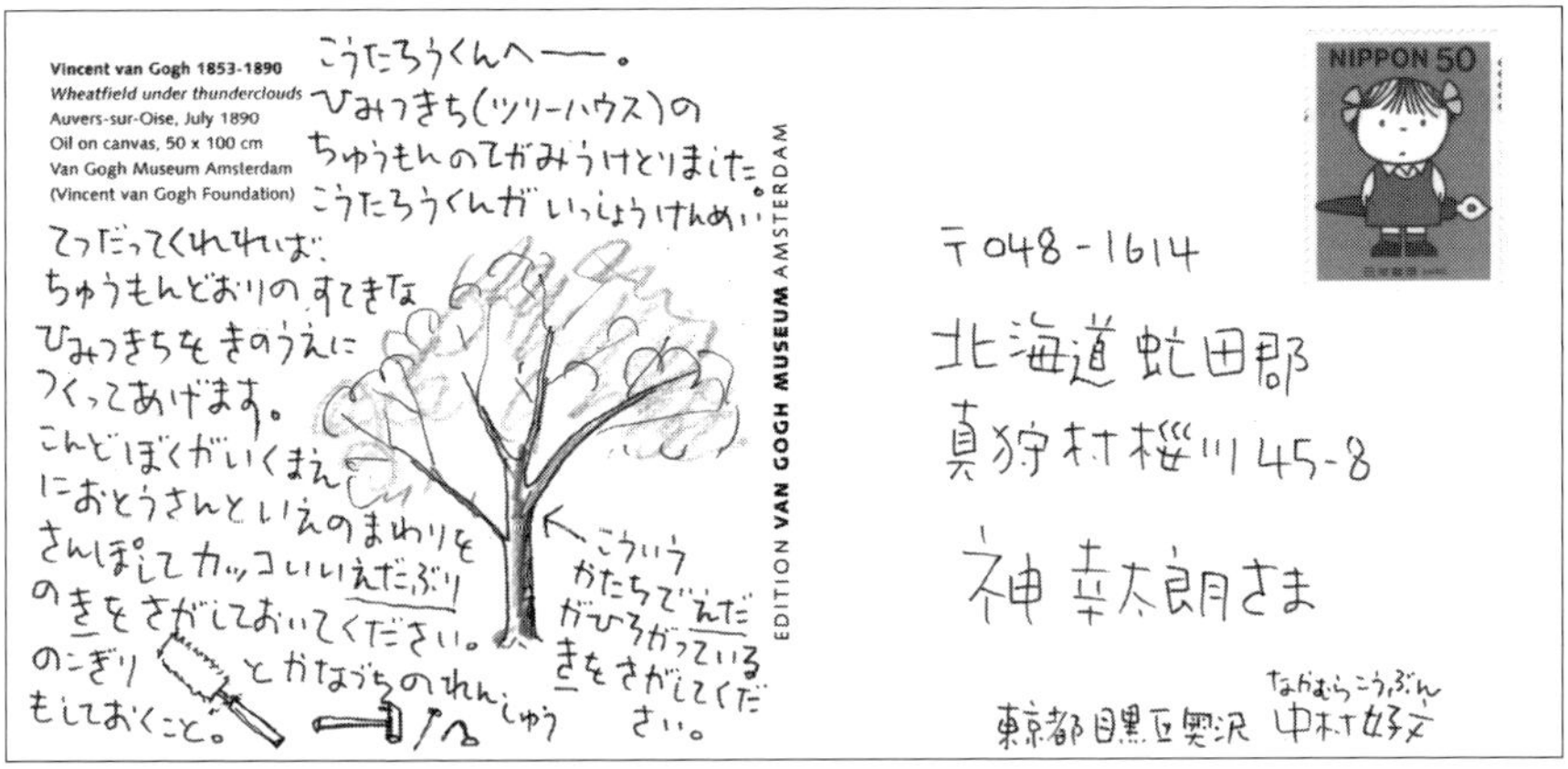

ひみつきち(ツリーハウス)の
ちゅうもんのてがみうけとりました。
こうたろうくんがいっしょうけんめい
てつだってくれれば、
ちゅうもんどおりのすてきな
ひみつきちをきのうえに
つくってあげます。
こんどぼくがいくまえ
におとうさんといえのまわりを
さんぽしてカッコいいえだぶり
のきをさがしておいてください。
のこぎりとかなづちのれんしゅう
もしておくこと。
こういうかたちでえだがひろがっているきをさがしてください。

〒048-1614
北海道虻田郡
真狩村桜川45-8
神幸太朗さま
東京都目黒区奥沢 中村好文《なかむらこうぶん》

中村さんがツリーハウス作りに目をつけていた木は、新しいパン工房の脇に並んだ蝦夷松だったが、「秘密基地なのに、みんなに見えすぎちゃう。中村さんこっちがいい」とクライアント（幸太朗）が希望したのは敷地のいちばん奥、藪の中にあったキハダの木。羊蹄山を望むあまりの景色の良さに中村さんも快諾。ツリーハウスの工事は、夏の支援部隊派遣作業では出来上がらず、二週間後に新貝・中村・神の三人がかりで一日中工事してようやく完成。完成したツリーハウスでは、ハシゴに上って、忍者の扉を開けて入り、羊蹄山を望む窓に大満足。でも「ブランコがないよ！」と不満を漏らしていた。

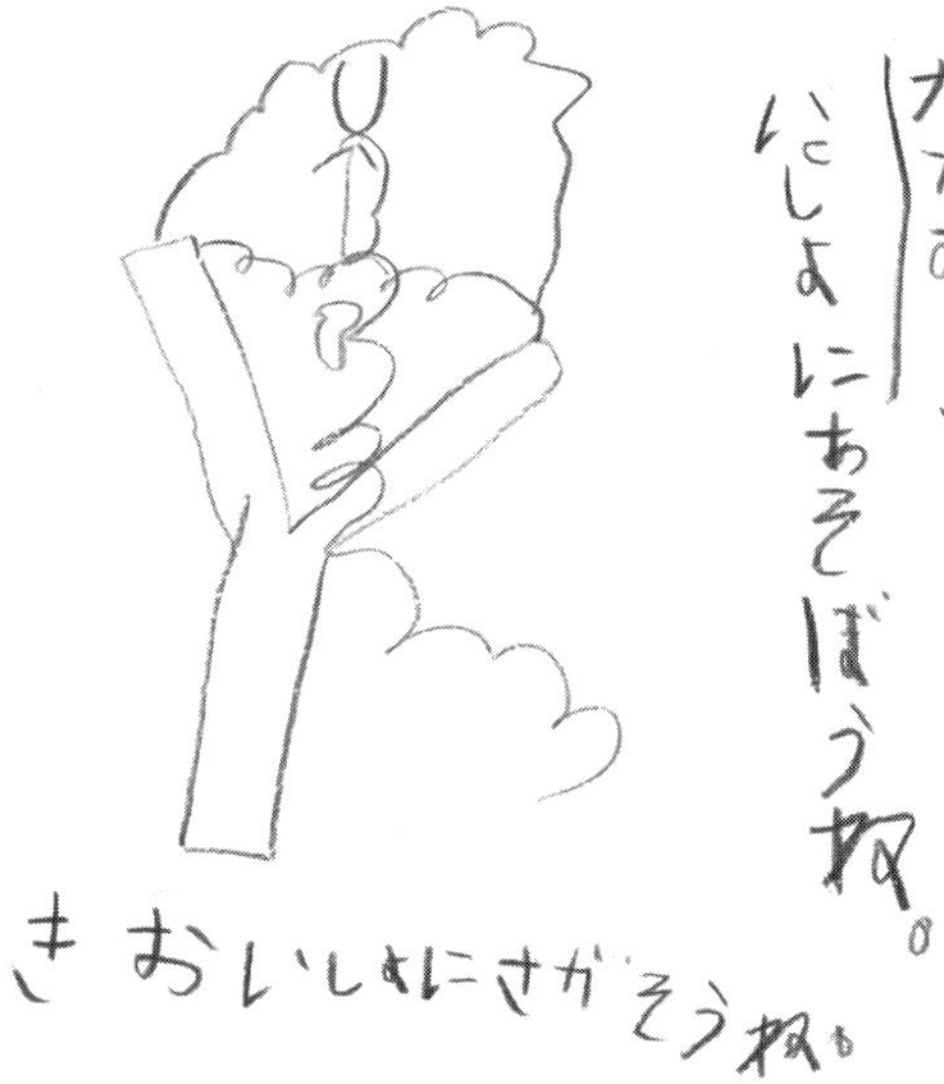

なかむらさん
いしょにあそぼうね。
きおいしょにさがそうね。

BOULANGERIE
JIN
新しい看板
ENT.

## あとがき

神幸紀

「神さんたちのパン屋の暮らしや、新しく建てたパン工房づくりの経緯を本にできたらいいですね」と、中村さんから話があったのは、新築のパン工房に引っ越して間もなくのことでした。僕は、「あ、いいですね。うん、よろしくお願いします」と平静を装いながら応えましたが、心の中では「おっ！　やったやった！　願っても無いことだ！」と喜びを抑えきれませんでした。じつは、設計を依頼するずいぶん前から中村さんの書いた本を読み込んでいて、すっかりその魅力的な語り口のファンになっていたのです。最初は建築的興味から読み始めた中村さんの本でしたが、文章からにじみ出る人柄や、さらに、若いうちにすでに住宅建築一本で生きていこうと決めていたこと、職人的なこだわりと粘り強い仕事ぶりで家具製作に取り組む姿勢を知るにつれて、ちょっと大げさに言えば「この人を師と仰ぎたい」思うようになっていました。

ですから、今回、僕は新築のパン工房を手に入れたと同時に、本づくりを一緒にさせてもらうことで、中村さんから体当たりで学ぶ機会を手に入れたと思っています。

本づくりと同時進行で進んでいた古いパン焼き小屋を書斎に改修する工事も、この夏（2012年）、無事に終え、新しいパン工房での生活は、三度目の冬を迎えました。

試し焼きを繰り返しながら慣らしてきた大きなパン窯ともすっかり気心知れた仲になり、よく乾燥したカエデやナラ、シラカバの薪を燃やし窯を温めると、ここからは時間勝負！大きなパン・ド・カンパーニュは火の当たり方が緩やかな窯のいちばん奥、クロワッサンは下火が効きすぎないこの場所、クグロフを窯入れするタイミングは温度が下がり始めたこの瞬間、と毎日、窯と呼吸をあわせながらせっせとパンを焼き続けています。

パン屋の仕事というのは、重い粉袋やパン生地を持ち上げたり、大きなパンヘラを使って汗だくになりながら焼き上げたパンを取り出したり、などなど、結構な肉体労働になります。

日々の繰り返しの作業の中、常に新鮮な気持ちで仕事をするには、まずは健康な肉体と充分な体力が必要なのです。

お客さんがたくさん来てくれる夏や秋の繁忙期に仕事を終えたあと、以前の工房よりも体力が消耗していないことに気がつきました。

パンを運びやすい工房から店舗への動線だったり、暑いパン焼き場の風通しの良さや熱のこもらない高い天井だったり、そして、ふとした時に心を休めてくれる天窓から射し込む光だったり。それは建物が縁の下の力持ちとなって一緒に働いてくれているからなのでしょう。

そして嬉しいことに、接客中の妻は、パンを買いに来てくれたお客さんがお店を見まわし「なんかいいね、この建物……」と、つぶやく声を幾度となく耳にしたようです。

僕は、パン窯の上にある屋根裏部屋でお昼休みには十五分ほど昼寝をします。また、仕事が終わった夕方、元のパン窯を改修した書斎で、一人ビールを飲みながら音楽を聞きます。休みの日には、子供とツリーハウスに上り、一緒に本を読んだり、その下でキャッチボールをしたり……。中村さんは、僕たち家族のために、居心地のよい場所をたくさん作ってくれました。そして最近、居心地の良さにこだわり続ける中村さんから、こんなメールが届きました。

「改修したパン焼き小屋にヤコブセンの革張りのエッグチェアを置きたいと思っています。デザインといい、品格といい、雰囲気といい、書斎にぴったり、しかも読書にもってこいの椅子なので、神さんの承諾を待たずに注文してしまいました。今度の本の出版記念にしましょう」

写真／雨宮秀也
デザイン／山口デザイン事務所（山口信博＋宮巻麗）
イラスト／中村好文
一五二ページの手紙／神幸太朗
この手紙のやりとりは「住む。」三三号（二〇一〇年春）、三九号（二〇一一年秋）に掲載された「薪窯でパンを焼く人の家と工房」および「続 薪窯でパンを焼く人の家と工房」に加筆し、新たに構成したものである。

中村好文（なかむら・よしふみ）
一九四八年、千葉県生まれ。建築家。一九七二年、武蔵野美術大学建築学科卒業。宍道建築設計事務所勤務後、都立品川職業訓練校木工科で学ぶ。吉村順三設計事務所を経て、八一年、設計事務所レミングハウスを設立。八七年「三谷さんの家」で吉岡賞受賞。九三年「一連の住宅作品」で吉田五十八賞特別賞を受賞。『住宅巡礼』、『住宅巡礼・ふたたび』、『意中の建築』（上下）、『普段着の住宅』、『中村好文 普通の住宅、普通の別荘』など著書多数。

神幸紀（じん・とものり）
一九七四年生まれ。北海道真狩村に住むパン職人。「Boulangerie JIN」店主。もともとフレンチの職人であったが、パンづくりに取りつかれ、パリの名店で修業。二〇〇四年に勤めていたフレンチの店を辞めてパン屋を開く決意を固め、自力でガレージキットを用いて住まいと店を建てた。よりよいパンづくりの環境を求め、中村好文にパン小屋設計の依頼の手紙を書く。


# パン屋《や》の手紙《てがみ》
往復書簡《おうふくしょかん》でたどる設計依頼《せっけいいらい》から建物完成《たてものかんせい》まで

2013年3月25日　初版第一刷発行
2021年1月5日　初版第二刷発行

著　者　中村好文
　　　　神幸紀
発行者　喜入冬子
発行所　株式会社筑摩書房
　　　　東京都台東区蔵前2－5－3　〒111－8755
　　　　電話番号　03－5687－2601（代表）
印　刷　凸版印刷株式会社
製　本　凸版印刷株式会社




ISBN978-4-480-87863-2 C0052